JOÃO FERREIRA SANTIAGO

HERMENÊUTICA, ECLESIOLOGIA E TEOLOGIA PÚBLICA

Freitas Bastos Editora

Copyright © 2023 by João Ferreira Santiago

Todos os direitos reservados e protegidos pela Lei 9.610, de 19.2.1998.
É proibida a reprodução total ou parcial, por quaisquer meios, bem como a produção de apostilas, sem autorização prévia, por escrito, da Editora.
Direitos exclusivos da edição e distribuição em língua portuguesa:
Maria Augusta Delgado Livraria, Distribuidora e Editora

Direção Editorial: Isaac D. Abulafia
Gerência Editorial: Marisol Soto
Diagramação e Capa: Madalena Araújo

Dados Internacionais de Catalogação na Publicação (CIP)
de acordo com ISBD

S235h	Santiago, João Ferreira
	Hermenêutica, Eclesiologia e Teologia Pública / João Ferreira Santiago. - Rio de Janeiro, RJ : Freitas Bastos, 2023.
	196 p. : 15,5cm x 23cm.
	ISBN: 978-65-5675-317-1
	1. Religião. 2. Hermenêutica. 3. Eclesiologia. 4. Teologia Pública. I. Título.
2023-1725	CDD 200
	CDU 2

Elaborado por Vagner Rodolfo da Silva - CRB-8/9410

Índice para catálogo sistemático:
1. Religião 200
2. Religião 2

Freitas Bastos Editora
atendimento@freitasbastos.com
www.freitasbastos.com

SUMÁRIO

INTRODUÇÃO...7

1 HERMENÊUTICA E HERMENÊUTICA BÍBLICA: IDENTIDADE E CONCEITO 9

1.1 A HERMENÊUTICA BÍBLICA...15

1.2 HERMENÊUTICAS PERIFÉRICAS...23

1.3 O SER HUMANO COMO UM SER HERMENÊUTICO.............55

1.4 HISTÓRIA DA HERMENÊUTICA BÍBLICA................................59

1.5 CRITÉRIOS HERMENÊUTICOS E SUA IMPORTÂNCIA PARA A ECLESIOLOGIA..64

2 ECLESIOLOGIA 71

2.1 ECLESIOLOGIA E HISTÓRIA DA IGREJA.................................75

2.2 IGREJA, EKKLESIA, ASSEMBLEIA, REUNIÃO: CONCEITO..........83

2.3 IGREJA VISÍVEL E IGREJA INVISÍVEL....................................90

2.4 IGREJA, CIDADANIA E LIBERTAÇÃO......................................95

2.5 IGREJA POVO DE DEUS 100

3 TEOLOGIA PÚBLICA 105

3.1 O QUE É TEOLOGIA PÚBLICA?...108

3.2 OS LUGARES DA TEOLOGIA PÚBLICA..................................114

3.3 TEOLOGIA PÚBLICA COMO DISCIPLINA ACADÊMICA............120

3.4 TEOLOGIA PÚBLICA E LIBERTAÇÃO....................................127

3.5 TEOLOGIA PÚBLICA, ECUMENISMO E DIÁLOGO INTER-RELIGIOSO 133

4 A RELAÇÃO ENTRE HERMENÊUTICA, ECLESIOLOGIA E TEOLOGIA PÚBLICA.........................141

4.1 A IMPORTÂNCIA DA INTERPRETAÇÃO PARA IGREJA 145

4.2 O LUGAR DA TEOLOGIA NA VIDA IGREJA....................................154

4.3 TEOLOGIA E HERMENÊUTICA: OUVIR E INTERPRETAR PARA VIVER A PALAVRA...157

4.4 TEOLOGIA, HERMENÊUTICA E A BUSCA DO SENTIDO...........165

4.5 HERMENÊUTICA E ECLESIOLOGIA PARA UMA TEOLOGIA PÚBLICA...176

5 CONSIDERAÇÕES FINAIS..187

REFERÊNCIAS BIBLIOGRÁFICAS....................................189

INTRODUÇÃO

Este livro apresenta um estudo bibliográfico e reflexivo entre três importantes áreas da teologia: Hermenêutica, Eclesiologia e Teologia Pública. O primeiro fio de ouro que sustenta suas ideias e as reflexões em torno delas é a complementariedade recíproca entre estas três áreas. O segundo fio de ouro que lhe dá identidade é a ideia geradora que diz ser estas áreas do conhecimento, essenciais à fé cristã, à teologia e à vida com suas múltiplas formas de relações. Ainda um terceiro fio de ouro que faz a tessitura argumentativa de seus autores é um fio duplo e trançado um no outro que mantém unidas duas fontes autorais: a rica bibliografia sugerida, trazendo a voz das experiências acadêmicas e de vida de importantes e destacados teólogos, filósofos, cientistas, poetas, místicos e mestres; e a própria experiência acadêmica, de fé e de vida de seus autor-escritor, cuja paixão pelas pesquisas nestas três áreas, transparece em cada capítulo e em cada subcapítulo. Ele se propõe ser algo além de uma pesquisa fria com dados quantitativos ou históricos do campo da teologia. Este livro quer ser diálogo, conversa grande! Conversão.

Ao ler este livro você vai sentir vontade e necessidade de aprofundar cada assunto, cada subitem tratado nele e certamente vai querer conhecer melhor os autores citados. É assim que se caminha neste fantástico e desafiador caminho da construção do conhecimento. Desafio esse que se faz ainda maior e mais instigante, quando estudamos teologia. Ter próximo de você uma Bíblia de estudos, com comentários de rodapé; um bom dicionário de teologia, de eclesiologia e de hermenêutica te será muito edificante. Ou bons dicionários. Tudo isso faz parte do dia a dia de um teólogo e de uma teóloga. Este livro quer também ensinar a escavar. Todo teólogo e toda teóloga, como exegetas e hermeneutas, por gosto e por necessidade, são bons perguntadores e bons escavadores. Este livro é um rico diálogo entre seu autor e seus convidados através da bibliografia e você, estudante de teologia ou de outras áreas de conhecimento que busca uma construção multidisciplinar é o convidado especial. O ser humano é um ser hermeneuta que interpreta tudo ao seu redor e para além de sua imanência. Quem sabe interpretar bem um texto aprende a interpretar melhor a vida e vive melhor. E este livro quer lhe ajudar nisso.

1 HERMENÊUTICA E HERMENÊUTICA BÍBLICA: IDENTIDADE E CONCEITO

A hermenêutica é a ciência que ajuda o ser humano a interpretar a vida e os fenômenos e os mistérios da vida. A hermenêutica bíblica, portanto, é a interpretação desses fenômenos e desses mistérios, a partir do texto bíblico e da fé que deles decorre. À luz da Palavra, portanto. "A crença de que as palavras da Bíblia são inspiradas diretamente por Deus e de que Deus se comunica claramente e sem confusão através da Bíblia é às vezes denominada literalismo bíblico". (HOLGATE & STARR, 2023, p. 46). A Palavra, neste sentido, é comparável às águas de Mará[1], que eram amargas (Êxodo 15,23-27), e se tornaram doces. A Palavra carece de interpretação correta para nos dá a sua doçura.

A hermenêutica bíblica nos protege contra este literalismo que, na linguagem popular, diz-se "senso comum". ou "leitura ao pé da letra". Conhecer um texto a partir de sua leitura é conhecer o contexto que o fez surgir. Ao interpretar um texto interpretamos em certa medida quem o escreveu: seus autores, seu tempo, sua cultura e as verdades que ele nos comunica. "Antes de ser obra dos leitores, a interpretação segundo Ricoeur é, primeiro feita pelo texto: uma interpretação no texto e pelo texto". (RICOEUR, 2006, p. 49).

---

1 Na transliteração do hebraico "Mará" significa exatamente "Amarga". Por isso, "Águas de Mará".

A relação aqui proposta é de um olho na Bíblia e outro na realidade, ou, dito de outra forma, um olhar alternado, ora no texto bíblico, ora no texto da vida escrito pela realidade. Na hora de caminhar e de agir, no entanto, não se olha para a Bíblia, mas através dela. Sendo assim, e a nossa tese é que seja, como irmãs gêmeas e muito parecidas uma com a outra, a hermenêutica e a exegese se complementam na tarefa exigente de nos aproximar do texto bíblico e de seu tempo, histórico, cultural e geograficamente tão distantes de nosso tempo. "A exegese contemporânea não deve renunciar à consciência crítica moderna da distância cultural e temporal que nos separa da linguagem escriturística e dos acontecimentos da salvação". (RICIEUR, 2006, p. 50). É por isso que consideramos cair bem a atribuição de arte a hermenêutica. A arte da interpretação. Mas, sobretudo, propomo-nos aprender com os mestres exegetas e hermeneutas que já cavaram tanto, que, cujas andarilhagens pelos acervos arqueológicos, lhes permitem assumir a condição de mestres. Estudar os seus textos é o nosso jeito de escavar.

> A verdade do regime hermenêutico cristão está sempre por fazer. O trabalho de interpretação consiste menos em restituir um sentido originário do que em reativar ou dizer do texto a fim de produzir na direção mesma aberta pelas escrituras novos textos, isso é, novas proposições que correspondam à situação contemporânea e "novas práticas que permitam a emergência de um novo mundo". (RICOEUR, 2006, p. 51).

A busca e a prioridade da hermenêutica, portanto, é, uma atualização da mensagem do texto, a partir de uma interpretação que motive ações de libertação para o povo de hoje. O novo mundo e a vida nova que não são apenas desejados, mas necessários, além de fazerem parte da utopia profética e humana, para se tornarem realidade, dependem de novas hermenêuticas.

Para nos ensinar, sobretudo, a fazer novas interpretações que possibilitem avanços na prática da fé e que incluam cada vez mais pessoas e realidades, temos o apóstolo Paulo como um de nossos mestres. Talvez o maior deles. Especialmente com relação aos conflitos, sempre tão presentes nas nossas vidas e na vida da Igreja. "Entre os conflitos que Paulo teve de enfrentar, um de especial significado para entender a identidade da *ekklêsia* foi o que tinha como centro a própria autoridade e reconhecimento". (ARBIOL, 2018, p. 117). A autoridade das novas hermenêuticas e o seu reconhecimento, estão relacionadas com a ousadia profética que não faltou a Paulo de Tarso e aos estudos aprofundados de teologia. Por isso, espera-se que os cursos de teologia preparem teólogos e teólogas para serem ousados profeticamente.

Quando nos propomos a fazer teologia inspirados na teologia e na ação de Paulo de Tarso, estamos sinalizando um itinerário que não nos permitirá ser e agir como teólogos de escritório ou de escrivaninha. A própria bibliografia citada nas referências bibliográficas pode nos confirmar essa afirmação. E isso define a identidade hermenêutica e teológica de nosso texto. É de fundamental importância para o fazer teológico manter-se próximo às memórias e aos sofrimentos. Pois, a memória nos mantém capazes de fazer uma nova história, e os sofrimentos hão de ter um sentido nas nossas vidas. No quarto capítulo, no subitem 4.4 aprofundaremos mais sobre o tema do sentido e da busca do sentido. As bênçãos de Deus, assim como suas promessas, costumam aparecer envoltas de seus contraditórios e nós precisamos sempre discernir.

> O rabino Joseph A. Edelheit convidou-me há alguns meses a juntar-me à vossa assembleia comemorando "os seis milhões" nesta tarde de sabá. Desejo ardentemente exprimir minha profunda gratidão por esse convite tão comovente. Recebo-o como um testemunho de que, além de uma amizade autêntica, vosso rabino sabia perfeitamente que me considero como um dos inúmeros beneficiários da promessa feita a Abraão: "Abençoarei os que te abençoarem e a quem te maldisser, maldirei; te serão abençoadas todas as famílias da terra" (Gênesis 12,3). (RICOEUR, 2006, p. 239).

A hermenêutica bíblica deve saber lidar com esses conceitos, amplos, plurais, e recheados de elementos de fé. O enredo bíblico é repleto de memórias, por exemplo, que lhe são centrais nas verdades que apresenta. Até mesmo a Lei, que pode oprimir e escravizar, não é por si só um mal. Afinal, a pedra de toque na relação entre Deus e o seu povo foi a entrega das tábuas da Lei a Moisés, entregues diretamente por Deus. Acontece que a Lei também pode escravizar. É sobre isso que Paulo de Tarso fala quando diz que a Lei escraviza e mata. (Romanos 7,7-12). Mesmo Jesus de Nazaré nos dá essa importante referência de que o simples cumprimento da Lei não nos levará à Vida Eterna (Lucas 18,18-30). Embora a Lei seja vista até mesmo como um dom, mas a memória bíblica propõe irmos mais adiante.

> Habitualmente a bíblia faz memória de um acontecimento completamente diferente, o dom da Lei ao povo por intermédio de Moisés. O Deuteronômio, com uma

insistência impressionante, não cessa de alertar contra o perigo de esquecer. "Mas fica atento, guarda bem tua vida, guarda-te de nunca esquecer as coisas que teus olhos viram nem deixá-las sair de teu coração em nenhum dia de tua vida; ao contrário, ensina aos teus filhos e aos filhos dos teus filhos" (Dt 4,9). Afinal, o que não deveria ser esquecido era a libertação "do país do Egito, da casa da escravidão" (Dt 6,12) – essa libertação que se faz memória durante a semana da Páscoa. É com a mesma memória que queremos lembrar-nos dos seis milhões? O tipo de memória que Moisés exigia não era a gloriosa memória de uma libertação e de um dom? Que é da memória do Holocausto e de suas vítimas? Essa memória tem algo a ver com a memória exigida por Moisés? (RICOEUR, 2006, p. 239-240).

Em certa medida, o fazer hermenêutico, assim como o próprio fazer teológico, está muito relacionado com o fazer memória. Veja-se, inclusive, que não temos uma condenação ou sequer uma negação da importância da Lei, inclusive ela tem o seu lugar. Acontece que, usando aqui de um raciocínio metafórico, a Lei tem a função de uma bengala. Garante o equilíbrio necessário a quem não consegue se firmar com as próprias pernas. Isso vale para as dimensões pessoais, comunitária e sociais. A maturidade religiosa, intelectual, espiritual e mesmo civil, no sentido de sermos capazes de assumir com responsabilidade os nossos atos, em tese, deve nos libertar da dependência da bengala. É por isso que a Lei ou o seu cumprimento, não nos levam à vida eterna. Embora possam ser passos iniciais nessa direção. A teologia e os caminhos que ela nos propõe caminhar, nos conduzem à maturidade. E a isso nós poderemos chamar de autorresponsabilidade.

A interpretação consciente e feita a partir de uma mentalidade adulta, autorresponsável, é altamente constituidora de identidade. Interpretando e atualizando a antiga norma que atribuía castigo aos filhos pelos erros dos seus antepassados, Paul Ricoeur, assim diz, "(...) Mas cada um morrerá por sua própria culpa: o homem que comer uvas verdes terá seus próprios dentes desbotados" (Jeremias 31,29-30)". (RICOEUR, 2006, p. 241). A atualização necessária, feita, inclusive de memória, mas sobretudo de discernimento, desmantela velhos edifícios e nos dá condições de erguer novas construções conceituais e de sentido em seus lugares.

Assim segue Ricoeur na mesma página, "Mas vigorosa ainda é a voz dos sábios que, como o autor do livro de Jó desmantelam pedra após pedra o piedoso edifício da teologia da retribuição ou da teodiceia". (ibidem). Temos aí um exemplo de lei que escravizava. E escravizava exatamente pela interpretação que lhe era feita. O processo de fixação e de legitimação dos Dez Mandamentos, por exemplo, não foi algo tão fácil, tão simples, ou algo dado. E nós poderíamos perguntar: por quê? Talvez, porque exige liderança madura, maturidade do povo, memória verdadeira, confiança e sentido.

> Perguntar qual seria o primeiro mandamento era tarefa dos doutores da Lei. No entanto, a questão não era tão fácil. Posteriormente, os dez mandamentos haviam sido transformados em 365, sem falar das proibições, por exemplo, de atividades que não podiam ser feitas em dia de sábado, as quais somavam 234. O escriba que interroga Jesus tinha consciência dessa realidade. Jesus também. A resposta de Jesus, citando a própria

> Escritura, parte do Shemá Israel (Dt 6,4-9), que convoca o judeu a interpretar o que Deus estava dizendo ao seu povo, que Ele era Um e que devia ser amado com todo coração, alma e posses (tradução mais exata do que "força[s]"). (FARIA, 2020, p. 197).

Eis aí algo que nos identifica com a Palavra e que nos traz maturidade e consciência da importância e da urgência da hermenêutica, como a ciência da interpretação e que, ao mesmo tempo, nos aproxima do conceito hermenêutico que buscamos. Retomando a metáfora anterior, não podemos acreditar, como seres adultos que, para cada fraqueza nossa, precisaremos de uma bengala. Estamos percebendo como nesse sentido a Lei torna-se um empecilho? Atrapalha em vez de ajudar? É para isso que fazemos cada vez mais interpretações maduras, adultas e para uma vida adulta. É isso que nos levará a conceitos bem definidos e a uma identidade cristã de adultos.

1.1 A HERMENÊUTICA BÍBLICA

A hermenêutica é a ciência da interpretação e a hermenêutica bíblica, portanto, é a ciência da interpretação do texto bíblico. Interpretar um texto exige-nos conhecer e reconhecer o seu contexto: cultural, social, geográfico, linguístico e religioso-espiritual. O texto é, assim, o fruto de um contexto. Neste sentido, existem certas características que constituem a identidade textual, inclusive, marcando-o indelevelmente, com a gentidade do povo, da comunidade, da cultura e do tempo que o escreveu. São essas características as pistas que nos levarão a conhecer a identidade e a originalidade textual. É a exegese quem faz a aproximação com os textos antigos e nos responde à pergunta: o que o texto quer dizer com aquilo que ele está nos dizendo?

Após conhecermos o significado do texto no seu contexto, através de um exigente trabalho exegético, podemos interpretá-lo e atualizá-lo para o nosso tempo e para o nosso contexto. Por isso, se a hermenêutica é a ciência da interpretação, conforme afirmamos acima, os hermeneutas são cientistas da interpretação. Tratando-se de textos antigos e especialmente de textos bíblicos, nosso principal objeto de estudo neste capítulo, a hermenêutica é tão dependente da exegese, quanto uma criança é dependente de sua mãe ao nascer. Assim como as crianças depois que aprendem a falar gostam de fazer perguntas, a exegese e a hermenêutica, tão essências à teologia, por sua vez, se fazem e nos fazem muitas e constantes perguntas. Este é, inclusive, um dos tantos pontos de aproximação entre a exegese e a hermenêutica. Os pontos que as aproximam são tantos que elas são, frequentemente, tratadas como sinônimas. Embora frequentemente inconscientemente é para a teologia, inclusive, que nós fazemos as perguntas mais significativas. E para responder a estas perguntas com a devida atenção, precisamos interpretar corretamente as perguntas e o contexto do assunto no decorrer do tempo.

Tomemos o relato do Livro dos Atos dos Apóstolos (Atos 8,26-40), que envolve três personagens: o primeiro é Filipe de quem sabemos apenas o nome; o segundo é "um eunuco etíope, alto funcionário de Candace, rainha da Etiópia, e administrador de seu tesouro, que fora a Jerusalém em peregrinação, voltava para sua casa; sentado em seu carro, lia o profeta Isaías". (vv. 27-28). Deste, embora tenhamos tantas informações importantes, não sabemos o seu nome;

o terceiro é o anjo do Senhor (v. 26), que se dirige a Filipe e que a exegese nos diz ser o próprio Espírito Santo.

É importante observar-se que, enquanto que de Filipe nós sabemos apenas o nome, do eunuco nós sabemos muitas informações, menos o seu nome. O diálogo entre Filipe e o eunuco etíope, é altamente revelador e tem seu ápice em duas perguntas essenciais. Filipe pergunta: "Será que compreendes verdadeiramente o que estás lendo? E como poderia eu compreender, respondeu ele, se não tenho guia?" (vv. 30-31). Estas duas perguntas são muito importantes e atuais para o nosso estudo e nos falam da importância vital da teologia para a compreensão da fé e para sua maturidade. Faz-se necessário lembrar que são igualmente importantes para os cursos superiores de teologia. A relação entre a exegese e a hermenêutica é de mãe e filha e essa relação encontra-se bem identificada por Paul Ricoeur,

> Quando Ricoeur analisa a linguagem simbólica, considera a exegese bíblica como o lugar do nascimento da hermenêutica no sentido de ciência da interpretação de um texto: fala muitas vezes da síntese patrística dos "quatro sentidos" como do espaço de construção do problema interpretativo (ver *Réflexion faite*, p. 58-59). (RICOEUR, 2006, p. 17).

Quanto à linguagem simbólica, os textos bíblicos são recheados dela e a diversidade de gêneros literários como metáforas, hipérboles, além das tradicionais e pedagógicas parábolas de Jesus de Nazaré que trazem sempre a linguagem comunicativa e carente de interpretação da poesia. Aliás, ainda no Primeiro Testamento com uma coleção de

150 Salmos que são orações em forma de poesias e muito bem contextualizadas nas situações e na realidade do povo. Os Salmos retratam muito bem a relação de um texto com o seu respectivo contexto.

Quando se faz a exegese do Saltério vai-se ao encontro dos mais diversos momentos da vida do povo da Bíblia. Os seus clamores diante das diversas formas de exílios e opressões; as queixas quando os inimigos perseguem e fazem maldades; os louvores quando chega a tão sonhada libertação; a felicidade quando a presença de Deus é vista e sentida no dia a dia. Através dos salmos o povo conta a sua história e transmite uma relação paternal com o Deus dos profetas. Interpretar os Salmos, atualizando-os para o contexto atual é uma das mais expressivas atitudes de fé e alimenta a esperança.

A teologia como ciência estudada na academia é uma área de conhecimento essencial para dar sentido à vida, mudar o curso dos processos de vida que buscam promover a falsa ideia de que a solução dos dilemas humanos está no individualismo. A expressão povo de Deus, quando interpretada à luz do texto bíblico, refletido e meditado na comunidade de fé, nos ensina que, além de não ser possível viver-se e libertar-se egoisticamente, num cada um por si, a vida é mais do que a vida humana. Existe uma diversidade de vidas e todas elas são, não apenas importantes para o Criador, mas existe uma interdependência entre todas as formas de vida. "Todo o universo material é uma linguagem do amor de Deus, do seu carinho sem medida por nós". (LS nº 84). A hermenêutica que fazemos precisa ser fiel à Teologia da Criação e em sintonia com o Papa Francisco, na Carta Encíclica Laudato SI' – LS (Louvado Seja) –, ao citar o Catecismo da Igreja Católica, lembra.

> A interdependência das criaturas é querida por Deus. O sol e a lua, o cedro e a florzinha, a águia e o pardal: o espetáculo das suas incontáveis diversidades e desigualdades significa que nenhuma criatura se basta a si mesma. Elas só existem na dependência umas das outras, para se completarem mutuamente no serviço umas das outras. (LS, nº 86).

Assim, a partir das hermenêuticas modernas, ditas assim mesmo no plural, a vida é composta por diversas formas de vida. E todas são igualmente amadas por Deus. E já não cabe mais sequer a ideia mofada de que a vida humana é a mais importante ou a melhor. Antes ela é a mais dependente de outras formas de vidas. O que aprendemos, sobretudo com os processos de extinção desenfreada de outras espécies – provocada pela ação humana – é que, cada vez que se extingue uma espécie, coloca-se outra ou outras na fila da extinção. E a vida humana dá um passo adiante nesta fila. Quebra-se um elo no ciclo da vida a cada vez que se põe fim a uma espécie. É o que convencionou-se chamar de sustentabilidade ambiental ou ecossistêmica.

O que se descobre por consequência é a grande responsabilidade do ser humano por manter o ecossistema sempre em movimento, equilibrando-o em seus desequilíbrios. Esta, sim, é maior para o ser humano. São as instabilidades que provocam o movimentar-se constante da vida, dando-lhe as condições para continuar existindo. O professor de Filosofia Natural, de Física e Astronomia no Dartmouth College, na cidade de Hanover, nos Estados Unidos, o brasileiro Marcelo Gleiser, faz esta contundente afirmação, "Para continuar a viver, organismos precisam absorver nutrientes e energia do ambiente externo, descartando os seus restos degradados. Para a vida, equilíbrio é sinônimo de morte". (GLEISER, 2010, p. 250). O equilíbrio é sempre relativo e transitório em um planeta em constantes mudanças.

O diálogo profícuo da hermenêutica com as ciências e especialmente com a filosofia e com a astronomia, é de fundamental importância, sobretudo porque a visão de mundo é decisiva para a interpretação que se faz do texto sagrado. Aliás, em tempo, uma das revelações mais nítidas no texto bíblico é exatamente a visão de mundo que orientava os seus autores e redatores. E isso já nos revela também a importância da hermenêutica, especialmente, mas não somente, como disciplina acadêmica.

A própria autonomia ou até mesmo a liberdade humana são limitadas. "O ser humano não é plenamente autônomo. A sua liberdade adoece quando se entrega às forças cegas do inconsciente, das necessidades imediatas, do egoísmo, da violência brutal". (LS nº 105). Ou seja, a própria liberdade humana está condicionada à liberdade e ao direito à vida das outras espécies. Para além deste direito ou distante dele, o que vemos é transgressão e violência. As novas hermenêuticas, com as contribuições das ciências e das suas frequentes descobertas, nos ensinam que o planeta precisa de cuidado.

Como aquele que nomina as outras espécies e, portanto, exerce certa liderança sobre elas, o ser humano é também aquele que interpreta, classifica e ao fazê-lo o faz como um ato de fé. É, pois, chamado para exercer este mandato após a bênção de Deus: ser fecundo, encher a terra, dominá-la e submeter os outros animais (Gênesis 1,28). A hermenêutica ganha status de lente para aproximar o texto do seu contexto e da intenção e da vontade de Deus. Considerem-se as distâncias cronológica, geográfica e cultural consequentemente. Ressalte-se ainda uma questão primordial: a língua. Sem a exegese respondendo àquela pergunta: o que o texto quer nos dizer com o que ele está nos dizendo? Não se poderia nem mesmo fazer uma hermenêutica que atualizasse o texto, mantendo a sua mensagem o mais próximo possível da sua origem.

A linguagem utilizada é poética e é também religiosa. Tudo isso, todas estas exigências e riquezas são um grande tesouro a ser conquistado, um mistério a ser desvelado com muita inteligência, trabalho árduo de estudo, pesquisa e reflexão. Sobretudo com fé. E tudo isso é o que faz da teologia uma ciência essencialmente incrível e faz dos teólogos e exegetas mensageiros de Deus e intérpretes de sua Palavra.

> Essa seção final é consagrada à especificidade da linguagem religiosa. Tomarei como ponto de partida os resultados do que precede, que era baseado principalmente no funcionamento do discurso sob forma de parábola. Essa análise poderia ter deixado a impressão de que a linguagem religiosa é uma variedade da linguagem poética, e eu assumiria essa qualificação até um certo ponto, com a condição de que não identifiquemos "poética" com "estética" e respeitemos o alcance da função poética, tal como a defini, a saber, como o poder de fazer corresponder a redescrição da realidade ao poder de levar as ficções da imaginação à palavra. Porque a função poética do discurso era concebida dessa maneira, a linguagem religiosa das parábolas é um exemplo da linguagem poética. Contudo, é precisamente na base da poética que a linguagem religiosa revela seu caráter específico, na medida em que a função poética pode aparecer, no sentido

inverso, como o *medium* ou o *organon* da linguagem religiosa. (RICOEUR, 2006, p. 192).

É a linguagem poética como expressão de um sentimento, de uma realidade religiosa, como mensagem divina, que liga o ser humano a Deus e à sua Palavra. A poesia encanta, comunica e anima. Jesus de Nazaré sabe, não apenas utilizar a linguagem poética, mas, sobretudo, Ele sabe usar a linguagem adequada para cada momento e para cada realidade. Aliás, é exatamente o que define um sábio, um mestre e inclusive um profeta: saber usar a palavra e ser compreendido por seus interlocutores. A Hermenêutica, como ciência da interpretação, facilita o conhecimento da verdade e ensina a vivê-la.

Hermeneutas e Sábios foram os membros do Concílio Ecumênico Vaticano II que, na Constituição Dogmática DEI VERBUM (O Verbo de Deus) assim se pronunciaram. "Cabe aos exegetas, de harmonia com estas regras, trabalhar por entender e expor mais profundamente o sentido da Escritura, para que, mercê deste estudo preparatório, se facilite o juízo da Igreja". (DV nº 12). Antes, então, cabe aos teólogos, hermeneutas e exegetas, dedicarem-se com afinco ao estudo. Para que sejam facilitadores do juízo da Igreja, precisarão, antes, ter juízo.

A finalidade da exegese e da hermenêutica, segundo a DEI VERBUM, nessa relação de mãe e filha, como já foi dito acima, é garantir que a interpretação das escrituras aja com o mesmo Espírito que elas foram escritas. E que Espírito é esse? É possível de se responder à esta pergunta dizendo: o Espirito de presença que conforta; o Espírito de Luz; o Espírito de vida, sopro; o Espírito das águas como fontes de vida, presente e criador no Livro do Gênesis (Gênesis 1,1-2).

A hermenêutica bíblica tem um caráter técnico e princípios que somados à sua essencialidade, a torna uma tarefa exigente. É certo que o ser humano está sempre interpretando tudo ao seu entorno. E essa interpretação não é desinteressada, mas revela interesse, determina uma atitude e remete frequentemente a uma transformação. No caso da hermenêutica bíblica como interpretação da Palavra de Deus, o interesse deve ser a transformação do emprego da Palavra como luz que ilumina o agir religioso.

O agir eclesial em primeira hora. Por isso, "Pode ser que alguns estudantes de Teologia apresentem certa resistência ao estudo da hermenêutica em função de seu caráter técnico e das dificuldades que envolvem a compreensão de seus princípios". (COZZER, 2022, p. 7). O estudo teológico tem ares de piracema. Assim como o peixe precisa ir à exaustão para desovar e garantir a continuação da espécie, o teólogo e a teóloga precisam ter disciplina, perseverança e gosto pelos livros e pela construção de novos conhecimentos. Pois eles têm grande responsabilidade na continuação da fé e da Palavra.

1.2 HERMENÊUTICAS PERIFÉRICAS

Faz-se necessário dizer que já não se pode falar apenas de hermenêutica, no singular, mas, mesmo no interior da Igreja e das Igrejas, existem e urge que se dê voz às hermenêuticas assim no plural. Existe o que se pode falar em tom de denúncia, mas também de anúncio, em Teologias Periféricas. E até mesmo deve-se falar de Teologias Marginais: que vivem à margem das estruturas de poder e de decisão e que costumam ser demasiado masculinizadas, verticalizadas e centralizadoras. E não raramente, machistas e misóginas. São os teólogos e as teólogas que devem fazer estas interpretações e expressar estas realidades que, embora não sejam apenas eclesiais, mas são recorrentemente eclesiais. Assim, têm-se as hermenêuticas feminista; afrodescendente; homoafetiva; indígena e tantas outras. Elas significam as diversas formas de se interpretar e de se viver a vida em nosso tempo. Fiquemos com estas como campo de alcance de nossos objetivos neste trabalho. Lembremo-nos ainda que elas serão, ou poderão vir a ser, as hermenêuticas do futuro próximo.

> A Igreja aparece no símbolo da fé, no terceiro artigo da fé: "Creio no Espírito Santo, na santa Igreja Católica". A eclesiologia do Concílio, que se fundamenta no mistério (Igreja-mistério), não poderia ignorar a missão do Espírito, pois a Igreja não pode ser compreendida sem o Espírito Santo. Cristo é o Espírito então, igualmente, na raiz do mistério da Igreja. O progresso na doutrina eclesiológica conciliar testemunha desde o início um avanço paralelo da pneumatologia no interior da eclesiologia, que se vai renovando. A eclesiologia não é possível sem a pneumatologia, como não é possível sem a cristologia. Nesse sentido pode-se dizer que, mesmo deixando a desejar, avançou-se na pneumatologia após o Concílio Vaticano II, o qual fez esforços para vencer o cristomonismo eclesiológico da teologia latina. (CIPOLINI, 2007, p. 77).

Sabemos através da teologia e da eclesiologia paulinas, sobretudo de sua cristologia, que "Há uma diversidade de dons da graça, mas o Espírito é o mesmo; diversidade de ministérios, mas é o mesmo Senhor; diversidade de modos de ação, mas é o mesmo Deus que realiza tudo em todos" (1 Coríntios 12,4-6). É exatamente esta diversidade que, provinda do mesmo e único Espírito, faz surgir novas e diferentes hermenêuticas. As hermenêuticas periféricas surgem assim, à margem das estruturas eclesiais, por vezes rejeitadas por elas, mas aos poucos, ganham o seu lugar de fala. É exatamente a Teologia Pública, especialmente como disciplina acadêmica, que faz essa passagem das hermenêuticas periféricas da margem para o centro.

Algumas realidades se impõem e por vezes se sobrepõem neste início de século XXI em que vivemos e tentamos conviver, no mundo globalizado. A sociologia está entre as luzes que iluminam os caminhos da teologia e dos hermeneutas, com percepções, formulações e orientações ricas. O tempo, as culturas e a história têm o seu próprio itinerário cabe ao hermeneuta o discernimento. "Captar seus itinerários, as novas formas que assume, suas novas dinâmicas, é condição essencial, para sermos contemporâneos de nosso tempo". (SADER, 2009, p. 29). Essa contemporaneidade até pode ser tratada como atualização, mas como deixa implícito o sociólogo Emir Sader, é mais que simples atualização. As percepções e as formulações muitas vezes vêm em diferentes gêneros literários que, por sua vez, apresentam novas e diferentes exigências interpretativas.

> Os gêneros literários cumprem muitas funções a respeito da comunicação: primeiro fornecem um fundamento comum para a compreensão e para a interpretação, devido ao contraste entre o caráter tradicional do gênero e a novidade da mensagem. Segundo, preservam a mensagem da distorção graças à autonomia da forma em relação ao locutor e ao ouvinte.

> Isso explica porque jeremias podia pretender que as parábolas continham as palavras de Jesus com mais segurança do que qualquer outro discurso. Terceiro, a "forma" garante a sobrevivência do sentido depois do desaparecimento de seu *Sitz im Leben* e, desse modo, começa um processo de descontextualização que abre a mensagem a interpretações inéditas segundo os novos contextos de discurso e de vida. Nesse sentido a "forma" não só estabelece a comunicação devido a seu caráter comum, mas preserva a mensagem da deformação devido à circunspecção que impõe à obra de arte e a abre à história e à interpretação. (RICOEUR, 2006, p. 166).

Consideremos que as novas hermenêuticas não sejam identificadas exatamente pelo fato de apresentarem novos gêneros literários, mas embora dentro de gêneros literários já conhecidos, elas se apresentam de novas formas e trazem consigo novos atores: protagonistas e coadjuvantes. Os novos tempos produzem mudanças, sobretudo comportamentais e relacionais, mas também nos campos da ética e da moral. Por exemplo, as questões relacionadas à moral sexual, de gênero e da diversidade; às mídias sociais digitais que afetam e modificam comportamentos relacionais; o *Sitz in Leben*[2] lembrado por Paul Ricoeur, na citação acima etc. Estas mudanças têm a ver com todas as dimensões da vida, mas atingem a dimensão religiosa no seu âmago, trazendo com elas também novas exigências.

Cabe-nos, em última instância, como cristãos e cristãs, fazer teologia como adultos, concebê-la como alimento

---

2   *Sitz im Leben*. Expressão em Alemão que significa *Lugar na Vida*, em tradução livre do autor.

para adultos. Cabe-nos ainda, aprender com a experiência Paulina e atualizar a sua prática para o nosso tempo. Paulo, fez de Jesus de Nazaré, ressuscitado, o seu foco e o seu propósito. Muitas vezes, nós precisamos a exemplo de Paulo, esquecer as coisas do passado, deixar para trás o nosso próprio passado cheio de pesos inúteis, e focar nas coisas novas. Seguir em frente. É destas coisas novas que sairão as novas hermenêuticas e as novas teologias que nos farão novos cristãos, atualizados e comprometidos. E, mesmo que fiéis ao mesmo e único caminho, na perspectiva cristã, necessário se faz encontrarmos, cada vez mais frequentemente, novos jeitos de caminhar.

É à nossa frente, é no caminho a ser caminhado que estão as novas possibilidades: novas hermenêuticas, novas esperanças, novas teologias, ou ao menos, novas formas de se fazer teologia. E quem eram, e onde estavam, e de onde saíram as novas hermenêuticas Paulinas? Em primeiro lugar, a fonte de onde brota a espiritualidade profética, acolhedora e cristã, é o batismo. Quem é batizado não pode discriminar. E Paulo de Tarso desinstala a partir do batismo a pureza étnica, racial, de gênero e nos faz enxergar que somos todos um em Cristo. (Gálatas 3,27-29). Onde existia separação, agora existe a comunhão; onde vivia o preconceito agora existe acolhida; onde existia escravidão agora reina a liberdade; onde oprimia a desigualdade, agora canta a diferença em forma de diversidade e como sendo essa a vontade de Deus; onde a morte tinha a última palavra, agora quem diz a última palavra é a vida. a hermenêutica que matou Jesus jamais o ressuscitaria.

A hermenêutica como a ciência da interpretação exige atualização e abertura para os novos processos que nascem e transformam o mundo. Essas transformações nos atingem e nos transformam, ou nos causam muitas dores e perdas quando resistimos a elas. Ser contemporâneo de nosso próprio tempo, neste caso, é mais que uma simples redundância, é evitar anacronismos sempre tão maléficos e comprometedores de nosso estar no mundo. As transformações, não são apenas profundas, mas constantes e radicais no jeito como o ser humano se organiza e vive. Colocando o ser humano como o seu primeiro objeto de desafio e entendimento. "Num mundo globalizado lemos a Bíblia a partir de uma perspectiva global – nossa localização é o mundo todo. Isto não significa que é possível fazer uma leitura da Bíblia que sugere que todas as pessoas têm a mesma experiência como a minha". (HOLGAE & STARR, 2023, p. 186).

As transformações como, no mundo do trabalho; na forma como se organizam e se constituem as famílias; as tecnologias de comunicação; os meios de transporte; as formas de comércio; as novas modalidades de ensino e aprendizagem, só para exemplificar com questões centrais e concretas, porque existem muitas outras e igualmente importantes áreas de mudanças. Estas, no entanto, nos são suficientes para darmos os próximos passos e falarmos sobre algumas hermenêuticas periféricas, sem as quais não poderíamos estudar hermenêutica bíblica como uma disciplina acadêmica. Antes, porém, João Coviello, corrobora esta ideia e aponta um importante desafio, "O grande desafio da hermenêutica é assumir que o conhecimento, muitas vezes, é provisório e está em constante exame". (COVIELLO, 2020, p. 55). É exatamente essa dinâmica que torna a teologia e a hermenêutica, assuntos instigantes e essenciais.

1.2.1 Hermenêutica Feminista

A interpretação que fazemos da Palavra deve, por força de um imperativo ético, este fincado no chão de uma espiritualidade libertadora, inserir-nos nos relatos e nas narrativas bíblicas. Desta inserção devemos emergir renovados, libertos das doutrinas por vezes estéreis, ou esterilizantes, dos clericalismos, sempre centralizadores e autoritários, excludentes e por tudo isso, anticristãs e devemos mergulhar nas águas profundas das diversidades de nosso tempo. A vida em abundância, razão da vinda de Jesus de Nazaré (João 10,10) é para todos e todas sem distinção de qualquer tipo.

> Hermenêuticas bíblicas dinâmicas, com corporeidade,... que seja situada dentro do movimento maior, respeitando seu contexto histórico-crítico; relatos bíblicos, acompanhados por material que nos ajuda a entrar no contexto histórico, a passar pelo método de exegese histórico-crítico, mas não parar aqui. (FORMOSO, 2008, p. 119).

A questão da corporeidade, sobretudo com relação à mulher, é um tema que exige evidentemente, a presença e a ação da mulher. Deve valer mais e ter sua validade reconhecida, quando se tratar de opinião feminina, o que a mulher pensa e diz sobre ela mesma. Explico-me: quando uma mulher diz que a postura de um homem foi machista, não cabe ao homem negar ou justificar. Cabe a ele apenas um pedido de desculpas. Porque a intensidade da dor, só sabe quem a sente.

Quais eram as atribuições dadas às mulheres e aos seus corpos no contexto sócio-político-econômico e religioso dos textos bíblicos do Primeiro Testamento que chegaram até nós? Frequentemente aparecem como mulher de; mãe de; filha de. Sempre como propriedade ou submissa a algum homem. Ainda podemos nos perguntar: qual foi a hermenêutica de Jesus de Nazaré para com as mulheres? É a hermenêutica de Jesus de Nazaré que deve servir de referência e de medida para nós. Embora o lugar da mulher no seu tempo também fosse de submissão Jesus as tratou com dignidade.

Observe-se que, nas narrativas que falam de Jesus e nas quais Ele está na presença de mulheres, elas frequentemente falam. Têm a palavra e a expressam. São protagonistas. Jesus veio atualizar a antiga lei (Mateus 5,17-19; Lucas 16,16-17) e tudo o que no Primeiro Testamento estiver em desacordo com a prática do Nazareno, é sinal de que está superado. Especialmente a partir da hermenêutica feminista, teremos Jesus como o nosso hermeneuta. Ele que é o Exegeta do Pai, e nos conduzirá a uma interpretação atualizada e libertadora da Palavra. Afinal, ninguém interpretou e revelou o Pai como o Filho. "Se me conhecêsseis, conheceríeis também meu pai" (João 14,7).

Apenas a título ilustrativo observe-se o diálogo-namoro entre Jesus de Nazaré e a Samaritana (João 4,1-42). Interpretar este acontecimento, impensável na sua época e tão significativo para aquele casal de jovens, para seus povos, para o tempo deles e para o nosso tempo, é uma missão grandiosa. Além de urgente e necessária. O protagonismo da Samaritana que, embora sem nome, é protagonista no anúncio de outro tempo para seu povo, deve instigar a hermenêutica feminista de nosso tempo. As mulheres são anunciadoras e interpretam a vida e a história a partir da fé. São chefes de família em grande parte dos lares brasileiros e isso nos diz muito. A hermenêutica feminista não é apenas defensável e justificável, mas necessária. São as mulheres protagonistas na defesa da vida e da preservação da espécie. Nós até podemos dizer das espécies, porque são quem mais cuidam das sementes e das hortas e dos quintais. Por causa disso, sofreram preconceitos, estigmas e até martírios, desde os tempos das mulheres do Primeiro Testamento. E continuam sofrendo até hoje.

> Surge, então, uma pergunta: Se há homens nas histórias, há também mulheres, com toda certeza. Sem elas, como aconteceria a procriação, como ficaria a descendência? E por que quase não aparecem? Será que elas estão ali e nós não as vemos? Talvez seja isso. Quem sabe tenhamos que colocar um óculos bifocal, isto é, um óculos capaz de enfocar tanto homens quanto mulheres. Talvez então possamos observar melhor a presença da mulher no texto bíblico. (DREHER, 2010, p. 9).

A hermenêutica assume a função desse óculos bifocal, capaz de enfocar homens e mulheres com o mesmo destaque e com a mesma importância. A não ser que, como nos parece sensato considerar, reconheça-se o maior protagonismo da mulher. Diante de estruturas patrimonialista, patriarcais e machistas, por fim, as mulheres vivenciam a força vital da ternura, da caridade e da compaixão e suportam as fraquezas e os defeitos dos homens, tantas vezes manifestadas em forma extrema de violência, não raro, com a dimensão martirial.

Sobre a caridade nos recorda o Papa Francisco: "Para Santa Teresa de Lisieux, "A caridade perfeita consiste em suportar os defeitos dos outros, em não se escandalizar com as suas fraquezas"". (GE, Nº 72). As mulheres, neste sentido, são incompreendidas e sofrem violências da sociedade porque suportam essas incompreensões e esses defeitos dos homens. São, portanto, em certa medida, crucificadas, como crucificado foi Jesus de Nazaré e exatamente por suportar as humilhações dos homens de seu tempo.

A interpretação que Jesus de Nazaré faz da lei que proibia que um homem e uma mulher mantivessem contato sozinhos em local público, é profundamente libertadora. Igualmente a superação do costume carregado de preconceitos que acompanhava os judeus com relação aos samaritanos, transcende as barreiras não apenas geográficas, mas religiosas, éticas e morais. E é paradigma para a teologia de nosso tempo. Haja vista a reação dos discípulos com a atitude de Jesus. (João 4,27.33). Eles não entenderam quase nada! E por quê? Porque, não conseguiam pensar para além do já pensado. O que Jesus e a Samaritana nos apresentam é um novo paradigma relacional, espiritual e de fé. Se não mudamos o nosso paradigma, tampouco mudaremos os nossos pensamentos e os nossos conceitos. A vida nova que Jesus de Nazaré anuncia, é contemporânea de uma nova mentalidade que, por sua vez, decorre de uma nova teologia e que promovem novas hermenêuticas. Atualizadas e que trazem Boas Novas. Esse é significado de Boa Notícia.

Trazer as mulheres para o centro das reflexões teológicas, reconhecê-las como seres de primeira categoria nas Igrejas e na sociedade, ainda se constitui um grande desafio. E para se enfrentar este desafio, deve-se começar por uma hermenêutica feminista, que reconheça o lugar, a palavra e a voz da mulher. Um dos mais expressivos e respeitados exegetas do Brasil, e um exímio hermeneuta, o pastor luterano, professor Milton Schwantes, em certa medida foi pioneiro da causa da mulher diante da teologia na América Latina e nos ensinou a enfocar a mulher nos textos bíblicos e na sociedade. "Os benefícios sociais estão sob o controle do homem. São sua reserva. Seu monopólio. A mulher negra, a mulher indígena, a mulher trabalhadora são particularmente desprivilegiadas". (SCWANTES, 2007, p. 9). Especialmente oprimida é a mulher. O machismo se impôs em toda parte.

> Assim, aos que pediam subordinação e silêncio para a mulher, juntamente com o véu, recorda-lhes que, "a natureza" (podíamos traduzir sem forçar o sentido original, "a cultura" ou "a tradição") já oferece, na cabeleira feminina, o modo cultural adequado de presença e, portanto, o véu está sobrando. Aos que pediam a igualdade de homem e mulher para orar e profetizar na assembleia mediante o travestismo, lembra-lhes de que resulta em "afronta", em desonra (cultural), eles vestirem-se de mulher (deixando crescer a cabeleira ou usando peruca) ou elas de homem (cortando o cabelo). Além do mais, lembra a uns e as outros que os textos bíblicos que utilizavam para justificar suas posturas são válidos, embora deixe ver que se inclina para o de Gn 1,26-27, já que este parece coincidir melhor com a novidade de Cristo: "Por conseguinte, a mulher é inseparável do homem e o homem da mulher, diante do Senhor. Pois, se a mulher foi tirada do homem, o homem nasce da mulher, e tudo vem de Deus" (1Cro 11,11-12); seu olhar crente sobre a tradição desautoriza a possibilidade de usar qualquer texto para justificar a subordinação da mulher. (ARBIOL, 2018, p. 115-116).

Encontramos nestas afirmações motivos para levar adiante a denúncia feita e levamos a todos os lugares esta urgência. A mulher é submetida a todo tipo de violência, em tempos de guerra e em tempos de paz. É tratada como objeto sexual e das taras masculinas; sofre a indiferença quando se encontra em situação de perigo; é vista no decorrer da história, inclusive da história bíblica, como produtora de mão de obra, frequentemente escrava, e de soldados para os exércitos. Falta quem pergunte: por quê? Faz parte da missão da teologia perguntar através dos teólogos e das teólogas. A própria realidade existencial a teologia sendo vista e estudada em cursos de nível superior e para todos e todas, embora tão recente, é uma realidade promissora. As mulheres são desrespeitadas em sua dignidade e seus filhos têm o direito de ser negado pelos sistemas opressores. A mulher é, neste caso duplamente penalizada. Assim clama o teólogo Sandro Gallazzi, pelas mulheres exiladas e por seus filhos,

> Os filhos... nem babilônios, nem judaítas: bastardos para uns, impuros para os outros. Circuncisos ou incircuncisos? Usados como escravos, eunucos nas casas das madames de Babilônia: o que será deles quando terminará o exílio? A que povo pertencerão? (Is 56,3-4). (GALLAZZI, 2008, p. 4).

Os filhos "bastardos" de hoje, também são filhos apenas de mulheres. A expressão "mãe solteira", não encontra paridade porque ainda pouco se reconhecem os "pais solteiros". Embora, a razão consciente e a axiologia cristã nos digam que não seja necessário adjetivar a palavra mãe. Invés de mãe solteira, basta se dizer, mãe. As Igrejas, ainda hoje, estão sob o controle do homem, com raríssimas exceções.

E a partir desse controle masculino também a sua moral é masculina, quando não machista. A política, os governos, as decisões e o poder, por fim, estão nas mãos dos homens. E assim conclui sua profecia, o mestre hermeneuta que marcou gerações, "Sua jornada de trabalho é maior. Sua cor é causa de discriminação. Sua cultura é motivo de deboche. A América Latina em exílio é, em especial, um exílio das mulheres". (SCWANTES, 2007, p. 9). As mulheres são invisibilizadas, silenciadas e excluídas da dimensão de dignidade humana. É exatamente em situações como estas que a hermenêutica se faz palavra de salvação.

> Necessitamos de hermenêuticas bíblicas que provoquem metanoias. A linguagem e as metáforas escriturísticas que usamos formam a nossa percepção do mundo em que vivemos. É necessário escutar ao outro/a para que seu contexto seja iluminado pela Palavra, mas a iluminação passa pela leitura crítica da Escritura. A linguagem de poder inscrita na Escritura deve ser cuidadosamente analisada e criticada, para não continuar perpetuando uma mentalidade opressora. (FORMOSO, 2008, p. 120)

Percebe-se e reconhece-se a partir da citação acima, a urgência e a importância da hermenêutica. Igualmente e por força da realidade apresentada, vê-se que esta é uma palavra de mulher, dita em um texto de mulher e a partir de um contexto de mulher. Por mais e melhor que um homem escrevesse estas palavras, elas não teriam o mesmo valor quando lidas a partir da perspectiva feminina. Por que não seriam palavras de mulher. Com estas observações corrobora-se o conceito de Hermenêuticas Periféricas e introduz-se o valor e a conquista que se obtém com as mulheres estudando teologia e escrevendo textos e fazendo a sua teologia com os valores da sua hermenêutica.

> É por meio de Sara, e não de Abraão, que Javé age, inclusive, cumprindo a promessa feita ao próprio Abraão. Foi assim que, por medo de morrer, Abraão sacrificou Sara. E por coragem de viver, mesmo arriscando a própria vida pelo marido e pela causa que alimentava a sua fé, Sara, com a intervenção de Deus, salvou Abraão e a história do povo de Deus. Foi assim também que Agar, a escrava desprezada, enganada e usada não só por Abraão, mas também por outra mulher, Sara, revelou os critérios da justiça de Deus. Não depende da nacionalidade, nem da raça, nem do sexo. A justiça de Deus é para todas/os. Agar se encontra marginalizada, como mulher como estrangeira que é e como escrava. A causa de Agar é maior que simplesmente sobreviver, ela serviu com gratuidade à casa dos patrões e foi enganada pelos dois, agora ela reclama a vida do filho Ismael que corre risco. Deus a ouve e salva os dois. (SANTIAGO, 2023, p. 34).

A vida é feminina; a fé é feminina; a casa é feminina... imaginemos, então, essas narrativas bíblicas contadas por mulheres, com a interpretação e com as palavras de mulher. Pensemos essa história contada por Agar; pensemos Sara narrando como se deu a sua participação no processo do chamado e do êxodo familiar. O fazer teológico deve ser feito de perguntas e de suspeitas, sobretudo quando se trata do lugar e da ação da mulher na história bíblica. Façamos uma reflexão histórico-teológica sobre os textos bíblicos nos quais as mulheres têm a palavra. Talvez esse esforço tenha a função de lentes multifocais e nos ajude a encontrar o protagonismo da mulher na história da Bíblia e na nossa história de hoje.

1.2.2 Hermenêutica Afro

É muito importante, aliás, é necessário que se construa um diálogo fraterno e permanente com as religiões de matriz africana. É preciso conhecer e reconhecer sua espiritualidade e sua hermenêutica, o que significa aprender com elas. Já existem iniciativas e inclusive com ações concretas, embora muito tímidas, no sentido de um diálogo inter-religioso: entre as Igrejas que formam o CONIC – Conselho Nacional de Igrejas Cristãs – e as religiões de matriz africana. Chega a parecer estranho que esse diálogo ainda não exista, mas ele não só apenas não existe como ainda persistem muitos preconceitos por parte das Igrejas cristãs com relação às religiões de matriz africana e seus cultos, suas expressões e sua espiritualidade. Diga-se: contra seus membros. Frequentemente vemos e ouvimos lideranças cristãs – pregadores, presbíteros, bispos, pastores, – criticando e até mesmo demonizando os cultos relacionados às Religiões de Matriz Africana. Principalmente seus ritos, seus símbolos sagrados e seus cantos.

Embora a Constituição Brasileira de 1988 garanta a liberdade religiosa e proteja a diversidade de expressão, de confissão e de manifestação religiosas, ainda vivemos sob a tirania da intolerância. O Artigo 5º da Constituição de 1988 diz ser inviolável a liberdade de culto e de crença e assegura o exercício dos cultos religiosos, na forma da Lei, garantindo, inclusive, proteção aos locais de cultos e as suas liturgias. Falta-nos, no entanto, tirar a Lei do papel e levá-la à prática. As questões trazidas Thomas Oden, são pertinentes,

> Um primeiro olhar para o assunto do cristianismo primitivo africano parece alienar-se dos ocidentais por ser remoto, distante e opaco. Os cheiros, sabores, sons, a música e a arte desses crentes parecem muito distantes da nossa realidade. As ruínas das basílicas da África primitivas parecem muito distantes dos espaços onde vivemos. Será que são? A música da África antiga não ecoa em nossos corações. Ou ecoa? A cadência dos ritmos das orações dos africanos primitivos não ecoa em nossos corações. Ou ecoa? Nós não temos uma imaginação pronta para enxergar a beleza, a cor e os desenhos dos mosaicos dos cristãos primitivos. Mas e se dermos uma olhada? Vá para o Cairo antigo ou para a Tunísia e veja as tapeçarias e os mosaicos. (ODEN, 2022, p. 36).

Pois bem, esses cheiros, esses sabores e esses sons, estão presentes nas manifestações que acontecem nos terreiros, nas celebrações umbandistas, candomblecistas e nos despachos. Mesmo reconhecendo que estas são expressões rejeitadas e demonizadas por grande parcela do povo cristão. Sobre os valores da cultura africana que sobreviveram, diz o Dr. Thomas, "Pode bem ser que esses valores carreguem sabedoria para nos reconciliar como seres humanos, para nos guiar como seres sociais, para restaurar em nós a liberdade espiritual". (ODEN, 2022, p. 36). É exatamente a sabedoria contida na visão de mundo e na espiritualidade das Comunidades e dos Povos Tradicionais, incluído os Quilombos e outras comunidades Afrodescendentes que forma o rico patrimônio da humanidade e que deve ser conhecido e preservado.

A hermenêutica que está por detrás destes comportamentos que discriminam as religiões de Matriz Africana, está em desacordo com a eclesiologia do Concílio Vaticano II e com sua teologia. Embora se encontre esse comportamento e eles estejam também de forma recorrente nos cultos das Igrejas neopentecostais, ele é muito frequente ainda, também, entre os fiéis da Igreja Católica. Pode-se dizer que existe mesmo uma estigmatização destas religiões.

Por vezes, quando refletimos sobre as possíveis razões que, mesmo vivendo na terceira década do terceiro milênio da era cristã, depois de tantas vivências, experiências e testemunhos, sobretudo, humanistas, ainda aconteçam desrespeitos, perseguições e rejeições para com as Religiões de Matriz Africana, nas Igreja Cristãs no Brasil. Não estaríamos diante de casos de sentimentos pequenos, doentios, mesquinhos e censuráveis, como os que levaram Caim à queda? (Gênesis 4) e que estão presentes endurecendo o coração de faraó (Êxodo 14,4-8), incapaz de reconhecer a liberdade de um povo, e do filho e seu irmão mais velho (Lucas 1, 5,11-32), deixando-o incapaz de reconhecer e acolher o seu irmão mais novo? O ódio, o preconceito e a indiferença, matam, inclusive quando são no campo religioso.

Os comportamentos desrespeitosos que são não apenas praticados com frequência pelas Igrejas cristãs, contra as Igrejas de Matriz Africana, mas frequentemente incentivados por suas lideranças, têm que ser parados. A partir de uma interpretação que nos leva ao entendimento de que lado Deus está, frente ao crime de Caim contra seu irmão Abel; à dureza de coração de faraó que deseja continuar oprimindo o povo; e a indiferença do irmão mais velho, com o retorno de seu irmão mais novo, chegaremos a uma boa conclusão de onde estará Deus nas Religiões de Matriz Africana. O Reverendo João César, pastor da primeira igreja batista em Luanda-Angola e presidente da Convenção Batista de Angola, faz importante contribuição para este assunto, em uma mensagem no livro, "Quão Africano é o Cristianismo?",

> O Dr. Thomas Oden encoraja os africanos para uma teologia prática, desmantelando ideias pré-concebidas e insinuações históricas que ao longo dos tempos mostram o cristianismo como religião da Europa e da América. Oden ajuda-nos a redescobrir a herança cristã africana e a renovar nosso compromisso de continuação e desenvolvimento do grande movimento cristão em nosso continente. (ODEN, 2022, p. 8).

É exatamente essa coragem e essa teologia prática, que nos farão mudar essa nossa prática teológica anticristã, que estigmatiza o outro, simplesmente por ele ser diferente, ou por ele não ser cristão. Conhecer e praticar a hermenêutica afro, nos traz enriquecimentos e nos faz melhores na vivência da fé cristã. Precisamos saber mostrar pedagógica e cristãmente a não tão sutil diferença entre diferença e desigualdade. Ajudando-nos a voltar às fontes e a cumprir assim o principal objetivo do Concílio Ecumênico Vaticano II, a refontização; contribui com a reorganização da Igreja (*aggiornamento*), palavra da língua italiana utilizada pelo Papa João XXIII para justificar a convocação do Concílio. Reorganizar a Igreja a partir de uma nova eclesiologia, de uma nova teologia e de uma nova hermenêutica;

> A ideia de que o cristianismo era uma religião europeia demorou a chegar a mim. Desde minha conversão, aos 25 anos, as raízes africanas da religião do Nazareno foram categóricas, não por evidências bíblicas – desde

> a segunda esposa de Moisés, vinda do reino de Cuxe, passando por Simão de Cirene até o eunuco de Atos 8 –, mas históricas e biográficas – com geniais teólogos e filósofos do continente, Atanásio, Tertuliano, Agostinho e tantos outros. Sem contar a presença do cristianismo na África subsaariana desde os primeiros séculos. Vim ouvir essa história muito tempo depois, da boca de gente cética e dos defensores das chamadas religiões de matriz africana. (ODEN, 2022, p. 13).

Até que ponto nos damos conta dessas coisas? Qual é o lugar de Atanásio, de Tertuliano e de Agostinho na história do cristianismo e da Igreja? O lugar de suas origens nós já sabemos. O lugar destes sábios e doutores da Igreja não deve ser se não o mesmo, ao menos ao lado da África e de sua contribuição e importância para a história do cristianismo e da humanidade? A teologia, sobretudo a partir de sua publicidade, ou seja, a partir da existência e do reconhecimento de uma Teologia Pública, deve garantir com referenciais como este acima, a dignidade e a legitimidade da espiritualidade africana. E esta espiritualidade se expressa nos ritos, nos ritmos e nas liturgias que acontecem nas casas e nos terreiros, como templos sagrados.

Temos um processo, embora tardio de reconhecimento da espiritualidade e da religiosidade africanas como sendo a nossa base, o nosso berço, onde nasceu o cristianismo. Inclusive como a mesa onde o cristianismo se alimentou. A identidade cristã tem muito da identidade africana. O que deve acontecer é uma forte e insistente campanha que, semelhantemente ao que fez Paulo de Tarso no início da segunda metade do primeiro século da era cristã – hoje visto por nós como tardio –, mostre-nos os elementos identitários do cristianismo e resgate as nossas raízes. "No processo de criação de identidade dos que creem em Cristo que se iniciou no fim do século I de nossa era, foi decisivo o recurso à figura de Paulo". (ARBIOL, 2018, p. 20). A Teologia Pública carece de uma eclesiologia com acolhida pastoral e de hermenêuticas que sejam capazes de nos converter à graça, sem nos exilar no comodismo do "Deus proverá".

> Primeiramente Tertuliano de Cartago (160-220 d.C.) e, posteriormente, Agostinho de Hipona (354-430 a. C.) assentaram as bases para uma leitura de Paulo marcada por um antagonismo: os cristãos acreditavam na graça como condição de salvação e no indivíduo como sujeito receptor desse dom divino inalcançável de outro modo; os judeus acreditavam no esforço e no mérito próprios, assim como no povo de Israel como sujeito coletivo dos favores divinos. A disputa de Agostinho com Pelágio, que defendia ser possível viver uma vida sem pecado porque as pessoas estavam dotadas de liberdade de vontade, determinou para os séculos posteriores a leitura hegemônica de Paulo, principal argumento de Agostinho para defender que todas as pessoas são pecadoras e que somente Deus determina quem é salvo e quem não. A partir desse momento, Paulo foi lido como o apóstolo da graça que deu identidade ao cristianismo diante do judaísmo que se apoiava em suas próprias forças e estava destinado à perdição. (ARBIOL, 2018, p. 21).

É preciso saber aprender com o tempo e com seus sinais. Neles estão as sementes do que virá a ser. Para que este aprendizado seja possível, é preciso de ousadia, de despojamento, de desapego e de coragem de recomeçar. Esta parece ser a receita paulina. De modo especial, Paulo de Tarso nos ensina que o poder e o conhecimento quando descentralizados e compartilhados, provém de Deus e libertam.

O bispo da Igreja Católica Apostólica Romana, Dom José Maria pires, que participou das quatro sessões do Concílio Vaticano II, foi o primeiro Arcebispo negro ordenado no Brasil, em 1965. Dom Pelé, ou Dom Zumbi, como era carinhosa e amorosamente chamado, fez esta importante pergunta: "Como dialogar com as outras igrejas, se a Católica é a detentora da verdade?" (PIRES, 2015, p. 13). Isto significa que até o final do Concílio Vaticano II, a Igreja no Brasil não tinha ainda nenhum Arcebispo negro. O que significa o fato de a Igreja Católica no Brasil ter vivido por quase dois mil anos sem ter ordenado sequer um Bispo Negro, é um importante tema para os teólogos e para as teólogas. E esse significado também fala muito sobre a importância e o lugar desta pesquisa.

A pergunta que se impõe é: qual era a hermenêutica que estava à frente da Igreja até o acontecimento do Concílio Vaticano II? Que interpretação é feita da Palavra no contexto de uma nação constituída predominantemente pela etnia negra? Embora esse fato não justifique, longe disso, nem é a intensão aqui, mas ele ajuda a explicar muito do que acontece em forma de indiferença, de perseguição e outras formas de violência contra as Igrejas de matriz africana até hoje.

Ressaltemos o fato de até este início da terceira década do século XXI, quase sessenta anos após o Concílio, a etnia negra seja sub-representada no clero católico brasileiro. Aqui, temos duas questões relacionadas à interpretação: em primeiro lugar a interpretação bíblica, já citada, e em segundo lugar a interpretação do Concílio Ecumênico

Vaticano II que quis inserir a Igreja no mundo moderno. Nem em confronto com o mundo e tampouco alienada dele, mas inserida no mundo para transformá-lo.

O teólogo Marcos Rodrigues da Silva, em entrevista ao site IHU *online* apresenta importantes referências bibliográficas e produções históricas que são de fundamental importância e legitimam a existência de uma teologia afroamericana e caribenha. Talvez não apenas a existência, mas a urgência de se reconhecer e se valorizar a teologia e a espiritualidade afroamericana. Destaque-se a realidade existencial e de inter-relação entre a teologia da libertação, em certa medida uma teologia periférica cuja hermenêutica carrega a mesma sorte e ambas sustentadas por uma epistemologia que também pleiteia um lugar ao sol: a epistemologia do pobre, excluído e oprimido.

> Estou construindo um elenco de uma memorização de que não estamos construindo o novo: estamos recuperando e valorizando espaços históricos já constituídos. Nosso ponto de partida é que já temos temas balizadores para uma discussão de teologia afroamericana e caribenha. Temos bases e referências bibliográficas, produções históricas. Também, queremos produzir os grandes temas que estão nos desafiando neste momento do século XXI – a base ecológica, de sustentabilidade, de eclesiologia, da cristologia. Mas, fundamentalmente, para podermos reagir, propor e oferecer, é preciso ter uma hermenêutica e uma epistemologia afroamericanas, porque aí se tem o instrumental para todo o alunado das pós-graduações e da graduação. Assim como a **Teologia da Libertação** é o instrumento para nos apropriarmos para se fazer essa leitura,

para pensar uma teologia afroamericana e caribenha é preciso também essa base hermenêutica, teológica e epistemológica. (SILVA, IHU, 2009).

Ressalte-se a aproximação das realidades de exclusão dos povos e das comunidades afrodescendentes e de suas espiritualidades, com a realidade enfrentada por Jesus de Nazaré. "Dois grandes momentos dialéticos: o sofrimento no **Cristo** crucificado, e a alegria e a experiência comunitária do Ressuscitado". (SILVA, 2009). Os povos negros vivem, se organizam e convivem e a sua espiritualidade nasce e é nutrida em comunidades organizadas, sobretudo, nos conhecidos e místicos quilombos. É imperativo observar-se e reconhecer-se as suas dimensões de êxodo, de organização, de resistência, de combate à opressão e aos opressores e perceber-se que é daí que nasce se alimenta a sua espiritualidade.

A liberdade é um imperativo cristão. Não é por acaso que Paulo de Tarso, o Apóstolo dos Gentios, assevera, "É para sermos verdadeiramente livres que Cristo nos libertou. Permanecei pois, firmes e não vos deixeis sujeitar de novo ao jugo da escravidão". (Gálatas 5,1). Destaquemos a intensidade dada ao verbo libertar. Os exegetas dizem ser um hebraísmo proposital, exatamente para destacar a imprescindibilidade da liberdade para a ética cristã. As liberdades, no entanto, e de modo especial a liberdade religiosa, tão negada à tantas pessoas especialmente às Religiões de Matriz Africana, precisa ser garantida por força de Lei, como já é no Brasil. Mas isso significa que, assim como a promulgação da Lei, seu cumprimento deve dá-se como uma ação política. No campo da política. Aliás, na pluralidade da política, das culturas, das religiões e assim ser efetivamente um direito garantido.

As congadas, autos religiosos de canto, coreografia e devoção para os santos católicos, misturando ritos afros de percussão com os versos cantados de protesto, fé e resistência (Congadas de Nossa Senhora do Rosário, As Pastorinhas, São Benedito, em Belo Horizonte, MG) foram momentos ímpares em que os atores de PICs[3] tiveram aula viva de tradições afrobrasileiras, ainda hoje mantidas em muitos estados brasileiros, principalmente no interior de Minas Gerais e em Osório, no Rio Grande do Sul. (SILVEIRA, 2007, p. 59).

A conquista da tolerância religiosa, ou a superação da intolerância religiosa, dá-se primeiramente nos campos das leis e das Políticas Públicas que garantam os Direitos Humanos Fundamentais, entre eles o direito a confessar uma fé. A partir desses instrumentos de garantia é que ocorrerá a mudança de mentalidade e aceitação por parte das religiões de doutrinas conservadoras, no sentido de fechamento para a diversidade e para pluralidade, e se chegará à comunhão e à convivência fraterna entre todas as religiões.

Este assunto, portanto, permanecerá como pauta preferencial para os exegetas e hermeneutas. Fiquemos com as orientações qualificadas do filósofo francês, Paul Ricoeur, "Quanto a mim, sou favorável a uma hermenêutica que enxerte uma interpretação existencial sobre uma análise estrutural; mas essa articulação pede uma forma específica de justificação e não pode simplesmente ser tida por assegurada". (RICOEUR, 2006, p. 134). As origens africanas dos textos bíblicos do Primeiro Testamento, de seus personagens e do próprio cristianismo, ainda encontrarão a

---

3   PICs – Projetos Inovadores de Curso, da Secretaria de Educação Continuada, Alfabetização e Diversidade – SECAD – do Ministério da Educação, 2007.

devida acolhida pelas Igrejas Cristãs. E para isso, as novas hermenêuticas terão papel decisivo.

1.2.3 Hermenêuticas Indígenas

O cristianismo do século XXI enfrenta grandes desafios, entre eles está exatamente a capacidade de aprender com as Comunidades e com os Povos Tradicionais, e neste sentido, temos as hermenêuticas indígenas. São muitas as etnias indígenas no Brasil e são riquíssimas as experiências de espiritualidade e a mística de relação com a natureza, frequentemente negligenciadas pelas denominações cristãs. Ainda nos deparamos com reações de resistência e expressões de caras e bocas, quando falamos sobre a existência de teologias e hermenêuticas indígenas. Mas elas existem e são importantíssimas para vida, não obstantes as resistências e ignorância quanto a sua existência, que dizem mais sobre seus opositores que sobre estas teologias e estas hermenêuticas.

Com os povos e Comunidades Tradicionais encontramos a hermenêutica da terra, da água, das florestas e diversidade de vida. interpretar a presença da vida humana a partir de uma cosmovisão plural e entender que a terra é a Casa Comum de todas as formas de vida. A interpretação decide os rumos da Igreja e da forma de se viver a fé. Retornar às fontes do cristianismo, às primeiras comunidades e reaprender com elas, interpretando suas práticas, sua ética e sua fé (Atos 2,42-49). Viver em comunidade é viver em uma comum unidade. E para que seja possível uma vivência comunitária, onde as relações sejam comunitárias e nos levem à comunhão, é necessário que se pratique a hermenêutica do primado da Palavra.

> A Igreja Povo de Deus vive sobretudo do primado da palavra. Ela, em vez de fixar-se em doutrinas veiculadas por catecismos, prefere os círculos bíblicos, onde ela busca o sentido do texto da Palavra de Deus no contexto da fé e no pré-texto social, segundo o triângulo hermenêutico de Carlos Mesters[4]. Ela vivencia a perspectiva escatológica da caminhada no presente da história com os olhos no anúncio do Reino a ser realizado aqui como antecipação da forma definitiva. Sente-se como povo peregrino, menos preocupado com as doutrinas e mais voltado para interpretar os sinais dos tempos presentes. (Libanio, 2015, p. 336-337).

A interpretação a ser feita é da Palavra de Deus. Por isso, a preocupação e também a finalidade é interpretar os sinais dos tempos à luz da Palavra de Deus. Os sinais dos tempos atuais apontam para as diversas hermenêuticas e suas diferentes contribuições. Partindo-se do primado da Palavra, urge firmar-se bem os pés no chão e não no sentido metafórico. Literalmente pisar o chão da terra como a herança que Deus nos deu e nos deixou (Gênesis 13,15; Josué 11,23; Salmos 2,8; Salmos 37,11.34; Mateus 5,4) como Casa Comum, morada, mãe e mulher amada. A hermenêutica da terra exige humildade, porque os humildes herdarão a terra; é avessa à violência, sobretudo à guerra; a terra é dom, é herança e é graça de Deus para todos, não é patrimônio; deve ser distribuída, partilhada entre todos e não concentrada nas mãos de poucos.

A condição primeira para que exista vida e vida humana

---

4   O Triângulo Hermenêutico do Frei Carlos Mesters é uma representação imagética da relação entre a Palavra de Deus e a realidade. No interior e no centro do triângulo, encontra-se a Bíblia. Na base do triângulo, de um lado fica a realidade da comunidade e do outro lado, a realidade da sociedade. No vértice superior, fica a realidade da pessoa.

é a terra cuidada e saudável. O ser humano e pode-se dizer que a vida vem da terra e volta para a terra, como ensina o autor do texto bíblico (Gênesis 3,19) e as Comunidades e os Povos Tradicionais. E no intervalo entre essa vinda e essa volta, o ser humano é terra. Não há nada, portanto, que o ser humano faça contra a terra que não seja igualmente feito contra o próprio ser humano e por extensão à todas as espécies. Por isso, a hermenêutica do primado da Palavra concretiza-se na hermenêutica da terra. E são As Comunidades e os Povos Tradicionais os guardiões da Sabedoria que fez surgir a vida e lhe deu a condição de primazia diante de quaisquer outras dimensões. Portanto, dito de forma maternal, porque são as nossas mães quem primeiro nos ensinam a interpretar o mundo, inclusive a Mãe-Terra, o próprio texto bíblico também é, em sua dimensão primeira, terra. Não seria apenas uma metáfora dizer que precisamos fazer uma hermenêutica pé-no-chão.

> Os próprios textos são materiais, nos são transmitidos mediante a fala humana, a memória e a escrita e são registrados em objetos físicos feitos de argila, pedra, "folhas" de papiro, peles de animais ou polpa de madeira. Enquanto seres físicos, nós humanos utilizamos nosso corpo e nossos sentidos para interpretar esses textos físicos. Por essa razão, nossas interpretações são inevitavelmente limitadas e subjetivas. Utilizamos também nosso corpo para vivenciar os significados que derivamos do texto. (HOLGATE & STARR, 2023, p. 218).

Em certa medida, precisamos desmisticizar o texto, no sentido de purificá-lo libertando-o dos misticismos, para desvelarmos a sua verdadeira mística. Assim, vê-se a verdadeira identidade textual, ou resgatando a humildade e reconhecendo as nossas limitações, inclusive diante da grandiosidade do texto bíblico, tirar dele o máximo de sua verdadeira mística e da sua identidade. Aqui, estamos reafirmando as Comunidades e os Povos Tradicionais como Fontes de mística, de espiritualidade e do quefazer dos hermeneutas.

O cristianismo do século XXI precisará, necessariamente, que voltar a beber destas fontes para continuar cristão. As crianças, os adolescentes e as juventudes, por sua vez, precisarão ser apresentadas à terra e à natureza e a terra e a natureza precisam ser apresentados a eles. Os povos indígenas, são guardiões da espiritualidade que brota junto com as nascentes; que balança juntos com as árvores; sopra com a brisa e canta com os pássaros. Com eles devemos, "Aprender a conhecer, aprender a fazer, aprender a ser e aprender a viver juntos" (Delors. Informe a la Unesco, 1996)". (BOFF, 2013, 254).

A urbanização trouxe consigo um distanciamento da humanidade da hermenêutica da terra, ou seja, da lógica que nos diz, que é somos nós quem precisamos da terra, não é a terra, a priori, quem precisa de nós. Exemplo grandioso da humanidade e diga-se, da humanidade que organizada e consciente de sua responsabilidade frente a herança que Deus lhe deu, a terra, inspirada nas Comunidades e nos Povos Tradicionais, é a Carta da Terra. Sobre este Documento de valor testamentário, o teólogo humanista e ecologista Leonardo Boff, faz esta memória,

> A Carta da Terra, logo em sua primeira fase, faz-nos a seguinte e severa advertência: "Estamos diante de um momento crítico da história da Terra, numa época em que a humanidade deve escolher o seu futuro.

A escolha é essa: ou formar uma aliança global para cuidar da Terra e uns dos outros, ou arriscarmos a nossa destruição e a destruição da diversidade da vida" (Preâmbulo). (BOFF, 2015, p. 9).

A interpretação da Palavra alienada da aliança com a terra e que ignore a sua sabedoria e a sabedoria dos Povos da Terra, é nociva à terra, à humanidade e à diversidade de vida. A terra é a materialidade e contém a espiritualidade da grande Mãe, a Eva, Mãe de todos os viventes. "Um salto qualitativo em nosso espaço-tempo curvos, num canto de nossa galáxia, num sol secundário, num planeta de *quantité negligeable*, a Terra, emerge a novidade cósmica única: a vida. Aries é o ancestral de todos os seres vivos por nós conhecidos". (BOFF, 2015, p. 103). É a esta ancestralidade que nós devemos gratidão, porque é através dela que, de modo especial, falamos com o Criador. A relação entre a terra, a vida, o sentido da vida e a espiritualidade, passa pela interpretação que fazemos da Palavra e do nível de cumplicidade que assumimos com a diversidade de vida. Por isso, a hermenêutica que fazemos da terra nos define e define a nossa espiritualidade.

O cristianismo distanciou-se de forma preocupante da mística da terra e do primado da Palavra. Por vezes parece ausentar-se demasiado deles e não raramente, por causa desse distanciamento, cai-se em espiritualismos que nada mais são que patologias, ou seja, uma espiritualidade doente. "Ela é de fato, como os povos originais e os místicos sempre a chamaram, a grande boa Mãe, a Nana e a Pachamama". (BOFF, 2015, p. 105). A sabedoria, a mística e a espiritualidade que estão presentes na forma de viver, de entender a espiritualidade e de cuidar da terra como forma de agradecimento das etnias indígenas. O modo de viver indígena não inclui acúmulos, concentrações e nem destruição como método de agir. Para a cosmovisão indígena a terra, as florestas, as águas e o ar, não estão em outra dimensão, em outro nível, mas fazem parte da extensão da vida.

> O homem/mulher é o derradeiro rebento da árvore da vida, a expressão mais complexa da biosfera que, por sua vez, é expressão da hidrosfera, da geosfera, enfim, da história da Terra e da história do universo. Não vivemos sobre a Terra. Somos filhos e filhas da Terra; mais ainda, aquela porção da Terra que sente, pensa, ama e cuida, mas também membros do imenso cosmos. (BOFF, 2015, p. 111).

Nós somos, assim, a ponta da rama de uma imensa árvore! O que significa dizer e reconhecer isso? Significa que nós somos alimentados, portanto, dependentes de todos os outros que, inclusive, estão antes de nós. Eu sei que por vezes nos questionamos: será que ainda somos, ou permanecemos sendo, a parte que sente, que pensa, que ama e que cuida? Sim, deve ser a nossa resposta. Porém, não podemos deixar de nos fazer outras e novas perguntas: o que sentimos? O que pensamos? O que realmente amamos? Por que nos afastamos do compromisso do cuidado? Por que rompemos o elo da Aliança que nos faz unidos à terra? É instigantemente necessário fazer memória da Teologia da Criação e relembrarmos o quanto Deus nos amou e nos confiou. Resgatarmos a confiança: a confiança na terra. Os indígenas têm uma confiança maternal na terra. Se ela deu o sustento ontem e hoje, o dará igualmente amanhã; confiança no semelhante: as aldeias não constroem delegacias e nem presídios. Somos todos e todas irmãos e irmãs.

O Papa Francisco, atualiza a teologia de Francisco de Assis, com uma Carta Encíclica FRATELLI TUTTI – FT – (Todos Irmãos) e propõe a fraternidade e a amizade social. "FRATELLI TUTTI, escrevia São Francisco de Assis, dirigindo-se a seus irmãos e irmãs para lhes propor uma forma de vida com o sabor do Evangelho". (FT nº 1); por fim, e somente assim, podemos dizer que confiamos em Deus. Sem os passos anteriores, será apenas o uso do nome de Deus em vão. Todos irmãos, significa incluir todas as etnias indígenas e reconhecer a presença criadora, amorosa e salvífica de Deus em sua espiritualidade, e sua liturgia e sem suas teogonias. Significa reconhecer que em suas hermenêuticas sopra a respiração e brilha a mesma luz do Espirito de inteligência.

A teologia que nos faz irmãos e irmãs tem o cheiro, o sabor e as cores do Evangelho. São os mesmos elementos que compõem a religião africana primitiva, e a espiritualidade indígena e suas respectivas hermenêuticas. Em certa medida, e com as devidas considerações simbólicas, os povos e as Comunidades Tradicionais têm a Terra como o seu Evangelho, a sua sempre Boa Nova. O cristianismo, como religião do livro, distanciou-se e mantém-se distante da terra. Uma das lições importantes e urgentes que o cristianismo precisa aprender, é exatamente o que dizemos ser, uma Teologia da Terra.

> A nova cosmologia, adequada ao paradigma do cuidado, a Terra é entendida como fruto do grande processo de evolução e de transformação que já perdura 13,7 bilhões de anos. Esta se apresenta como a *Magna Mater* dos povos antigos, a Pacha Mama dos povos andinos, a Nana dos orientais e a Gaia dos contemporâneos (Mamani. Buen vivir/vivir buen, p. 27-33). (BOFF, 2013, p. 78).

A sociedade moderna, com seus valores frequentemente deslocados da vida, da terra e do compromisso com a defesa da vida e de sua dignidade, embora, seja verdade que muito centrado no humano, foca em seus egoísmos. A isso chama-se antropocentrismo demasiado egoísta. Distancia-se de Deus e por via de consequência da Terra-Mãe e de sua diversidade de vida. O modo de vida que se tornou o projeto de vida da humanidade, focado na competição gananciosa, no acúmulo egoísta e na racionalidade sem razão de ser, leva o planeta terra e seus habitantes rumo a um novo caos. Por isso, a teologia e os teólogos, mas não só eles, alertam, "Se quisermos realmente inaugurar um novo começo, precisamos antes de mais nada, ativar um outro tipo de razão, não mais a serviço da dominação e do enriquecimento, mas adequada à natureza do cuidado". (BOFF, 2013, p. 81). A Teologia da Terra é urgente e é sinônima de Cuidado.

A teologia que nos ajuda a encontrar o sentido certo da vida e de sua razão de ser, precisará reconhecer não apenas a importância, mas o lugar da razão como instrumento de autorresponsabilidade da humanidade. Mas, por outro lado, não pode cair na tentação do império da razão, que nos deixa cegos para as dimensões espirituais e transcendentes. A eclesiologia do Concílio Ecumênico Vaticano II reconhece a importância de deixar certos casos e certas decisões humanas a cargo da razão humana, mas isso exige responsabilidade e discernimento. A razão não pode desviar as escolhas e as decisões humanas da busca do Bem-Comum.

> A razão sensível nos abre às margens que nos vêm da natureza e de todas as partes, suscita em nós a dimensão espiritual da gratuidade, da renúncia dos próprios

interesses em favor do bem dos outros, da veneração e do respeito. Ela nos permite perceber a energia amorosa e poderosa que subjaz a todos os eventos e que as religiões chamaram com mil nomes: Tao, Shiva, Inti, Javé, Alá, Olorum... numa palavra: Deus. (BOFF, 2013, p. 84).

Destaca-se na citação do teólogo Leonardo Boff, a pluralidade religiosa. As diversas religiões tentam, cada uma a seu modo, revelar o Absoluto, o Sagrado que os cristãos chamam Deus. Acontece, porém, que, o próprio termo aqui utilizado, absoluto, já dá o sentido do sentido maior. Todas as religiões juntas, com todas as suas tentativas de nominar Deus, conseguem apenas dizer o mínimo sobre Ele. E nesse aspecto elas são importantes, porque cada uma dá a sua contribuição. Mas todas elas são insuficientes e incapazes de conhecer plenamente a Deus.

1.3 O SER HUMANO COMO UM SER HERMENÊUTICO

O Ser humano é uma ser hermenêutico que interpreta tudo ao seu redor, mas sua curiosidade transcende o aqui e o agora. E a religião é um instrumento para ajudá-lo a interpretar o mundo e seus mistérios, religando constantemente o ser humano às suas utopias e à transcendência. Ao seu Tu. O ser humano busca conhecer a si próprio, ao seu mundo e ao seu Deus. Quando a religião não cumpre com essa função ela se torna desimportante e até mesmo desnecessária. Desde os primeiros relatos bíblicos, já no mito da criação o ser humano foi chamado a interpretar o mundo (Gênesis 1,29-31), cuidar da terra e das espécies e o cumprimento desse chamado se dá na dimensão religiosa e a partir da fé. Dá-nos a impressão que o verbo que precede os verbos do sexto dia é interpretai.

É a hermenêutica que dá discernimento ao ser humano para interpretar corretamente a vontade de Deus. Mas não seria contraditório e nem mesmo surpreendente dizer que é o discernimento que leva o ser humano a querer interpretar. Por isso a interpretação das Escrituras, o fazer teológico e a própria vida religiosa, são atos essencialmente de fé. Embora a hermenêutica esteja presente em diversas outras áreas do conhecimento e acompanhe todo o itinerário da vida humana, a interpretação dos textos sagrados passa. pelo crivo da fé.

Estamos aqui no âmbito da fé, da teologia e da hermenêutica cristãs, mas não seria demasiado arriscado dizer que a interpretação faz parte de todas as religiões e é igualmente essencial para expressar a relação com o sagrado. Sem uma exegese criteriosa e bem feita as consequências são as mesmas em qualquer circunstância. A exegese nos ajuda a compreender o texto na sua origem: o que ele diz? Para quem diz? Quem fala no texto? Qual é o cenário que o texto narra? Quais são os personagens que o texto apresenta? Este é o lugar de conversa com o texto e estas são as portas que nos levam para dentro da memória dele e de seu contexto.

Mas não acontece algo semelhante conosco quando conhecemos uma pessoa ou uma cultura? É por isso que, assim como a teologia é, por necessidade, uma ciência perguntadeira, o exegeta e o hermeneuta são seres perguntadores. Estamos no campo da pedagogia da fé e estamos também pisando em terras antropologicamente férteis. A teologia é uma ciência, cuja identidade antropológica é muito forte. Pois, sendo o ser humano quem faz teologia, não se pode pensá-la sem antes pensar e reconhecer a antropologia que a faz. Não existe, portanto, teologia sem antropologia.

É a exegese quem nos leva para o contexto do texto, para o seu nascedouro; e a hermenêutica o atualiza, trazendo-o ou trazendo a sua mensagem atualizada para o nosso contexto. A experiência de fé que jamais se repete, sendo sempre única e irrepetível, encontra-se na base da hermenêutica bíblica. Porque a Palavra é sempre eficaz e salvadora, mas precisa ser interpretada e compreendida corretamente. Aliás, em tempo, não era este um fato muito presente nas mensagens de Jesus? Sobretudo, nas parábolas? Jesus falava e os sábios e inteligentes (os poderosos e os arrogantes?), não o entendiam. "Eu te louvo, Pai, Senhor do céu e da terra, por ter ocultado isso aos sábios e inteligentes e por tê-lo revelado aos pequeninos". (Mateus 11,25).

Vejamos que o povo simples entendia Jesus, interpretava corretamente a sua mensagem. Quais são as dificuldades encontradas hoje para compreendermos as palavras de Jesus escritas nos Evangelhos? Quem é que tem hoje maior dificuldade para compreender o texto bíblico e reconhecê-lo como Palavra de Salavação? São constatações que nos ajudarão a fazer teologia com fé. A hermenêutica bíblica está dentro do universo da fé e isso a torna ainda mais instigante e necessária, porque é essencial para compreender a fé.

> É certo que para a teologia a fé é fundamental. Ela é o primeiro ponto para qualquer reflexão teológica que se queira fazer. Ela "é o *primum*, a *archée* estrutural e estruturante". Trata-se do fundamento mais radical da teologia, de onde surge um novo saber sobre Deus

e o mundo: neste caso específico, a teologia cristã. Nas palavras de Santo Anselmo (+ 1109), considerado Pai da teologia escolástica, *fides quaerens intelectum* ("a fé que procura entender"). Dessa forma, a teologia terá necessariamente como seu objeto e princípio a fé. Nesse caso, destacada em três partes principais: a experiência da fé, a inteligência da fé e a prática da fé. Por ordem ela é afetiva, cognitiva e normativa. Num conceito mais teológico, mais clássico, pode ser dito, respeitando a mesma ordem: *fides qua, fides quae e fides informáta.* Pode-se dizer, assim, que a teologia esforça-se para compreender e interpretar a experiência de fé de determinada comunidade, a fim de expressá-la com linguagem e simbologia próprias. (KUZMA, 2011, p. 232).

Compreender corretamente a fé para vivê-la autenticamente. Esta é a missão da hermenêutica e dos hermeneutas. Por isso, é essencial o anúncio profético, o conhecimento alcançado através de uma vivência concreta e a interpretação feita com sabedoria. A interpretação da Palavra, é uma ação teológica e comunitária, e assim sendo, estamos falando de uma ação de fé. E, por isso mesmo, falamos ao mesmo tempo, de uma ação humana. A fé, assim como a necessidade constante de interpretação, é uma ação unicamente do ser humano. Essa capacidade de viver uma fé, de interpretar os acontecimentos e de transformar o mundo, é, entre outros atributos, o que nos diferencia de outros animais. Afinal, são os seres humanos os únicos que fazem e se fazem as perguntas: quem sou? De onde venho? Para onde vou? Qual é o sentido de minha existência?

1.4 HISTÓRIA DA HERMENÊUTICA BÍBLICA

A história da hermenêutica bíblica é muito relacionada com a história da Igreja e da fé cristã. Primeiro porque, como foi dito acima, o ser humano é um ser hermenêutico, interpreta e sente a necessidade de interpretar tudo o que acontece em seu entorno e para além dele. As perguntas e as buscas, no sentido de querer interpretar o mundo e a vida levam o ser humano buscar as suas próprias origens. Assim, suas buscam não estão limitadas à sua história pessoal, mas dizem respeito também à história da espécie. E transcendem os limites da espécie e da própria imanência, transcendendo os limites da razão e buscando o absoluto.

Por isso, primeiro porque a hermenêutica bíblica tem grande importância. Segundo porque o texto bíblico vem recheado de exigências interpretativas: escrito em línguas antigas e distantes cultural, temporal e geograficamente; comunica as dimensões da fé e da espiritualidade, o que significa, transcender as linguagens cotidianas; ainda contém perguntas importantes e significativas para a vida; traz respostas para as perguntas mais primevas da humanidade. Desperta para perguntas que o levam a ressignificar o sentido d apropria vida. São estas, as principais justificativas da importância e até poder-se ia dizer, da centralidade da hermenêutica bíblica no entendimento e na vivência da fé cristã. Evidentemente existem outras, mas é importante que cada estudante de teologia descubra, defina e priorize suas curiosidades e suas buscas e dedique-se com inteligência e disciplina a encontrá-las.

Cercada de mistérios e de símbolos e de ritos e diversas possibilidades de interpretação, inclusive de desvirtuamento do entendimento de sua mensagem, a fé cristã, inicialmente transmitida oralmente, surge como escrita o que significa já possuir muitas interpretações. Para ser escrita e se tornar livro, antes, foi vivida e interpretada. De modo especial as traduções das línguas originais trazem consigo e por vezes escondem elementos de extrema importância que precisam, merecem e devem ser interpretados corretamente. O começo da Igreja é apresentado como uma epifania, palavra que significa manifestação. O Ser Superior, o Sagrado, Deus, na linguagem cristã, se manifesta e a pluralidade de linguagens presentes neste acontecimento, já nos dá uma excelente ideia da necessidade de se fazer uma hermenêutica cuidadosa de tudo o que é comunicado.

> Dentro da estrutura institucional do cristianismo, desde seu início, está a explicação oral e metódica dos mistérios da fé, principalmente das Escrituras Sagradas. Chamada de "catequese", esses ensinamentos lidavam, inicialmente, com o recém-convertido. Quarenta dias após a ressurreição de Jesus, no dia de Pentecostes, uma multidão assistiu ao discurso de Pedro, pregando que Deus constituiu Jesus em Senhor e Cristo (Atos dos Apóstolos, 2,1-36, 2002). Para Eliade (s/d, b, p. 290), esse primeiro discurso "se tornou um modelo exemplar". Pode-se dizer que nesse dia a Igreja começou. (COVIELLO, 2020, p. 41).

O conceito de Igreja aqui, é de Igreja Institucional, como a vemos hoje. Embora tenham ocorrido profundas e significativas mudanças no seu jeito de ser, desde a seu começo até os nossos dias. Quando nos postamos frente ao tempo que se deram estes acontecimentos, imaginamos a grandeza da interpretação e da sabedoria de Pedro e dos Apóstolos. Olhando, lendo e meditando a partir de nosso tempo, com todos os recursos exegéticos e hermenêuticos que nosso tempo nos oferece, somos forçados a nos rendermos à dimensão mistérica da revelação de Deus, tão presente no enredo bíblico. A hermenêutica bíblica nos ensina a interpretar os acontecimentos da vida como um todo, embora, ela sozinha não responda a tudo.

É muito importante perceber-se que a religião é um conjunto de crenças e práticas, mas é, ao mesmo tempo, um fenômeno que quer se revelar e quer igualmente nos revelar algo. E a revelação desse fenômeno envolve a mitologia, a antropologia, a sociologia, a filosofia, a arqueologia, ente outras ciências. O que decorre de tudo isso é que encontramos um conjunto de valores e de comportamentos relacionados à religião. Uns recomendados e outros condenados.

A começar pela história, com ênfase especial para a história da Igreja e da própria teologia, ciência que precisa das outras ciências para aproximar-se do seu objeto. "Segundo Mircea Eliade (s/d, b, p. 289), a Igreja cristã nasceu no dia de Pentecostes, por volta do ano 30 d.C. Este dia era comemorado pela tradição judaica como uma festa da colheita e como o dia da entrega dos Dez Mandamentos a Moisés". (COVIELLO, 2020, p. 41-42). A festa da colheita, comemorada como acontecimento importante, já nos abre ricas possibilidades de significados a ser interpretadas. Pensemos apenas a título de exemplos, a Igreja como casa, como mãe, como lavoura, caminho de salvação etc.

Veja-se o grau, o nível e a quantidade de interpretações presentes na citação acima! A necessidade de uma hermenêutica que considere a literatura, a cultura literária e a mística presentes nas origens da Igreja, fala por si só do lugar privilegiado da hermenêutica bíblica para uma interpretação correta da vocação, da missão e identidade da Igreja. Aprofundaremos mais esse ponto no capítulo dois sobre a eclesiologia. A hermenêutica bíblica exige a aplicação máxima de todos os sentidos. A Palavra como texto sagrado e como presença viva de Deus no meio e na vida do povo, é dotada de cheiro, sabor, calor, cores e sons. Para transmitir os ensinamentos, mas sobretudo para que estes ensinamentos sejam apreendidos com toda a profundidade e com todo o seu significado, os métodos e a didática utilizados também transcendem os limites de uma simples transmissão.

> A impressão que se tem é, como bem disseram Eisenberg e Steinsaltz (p. XIX), que novas pedras são sempre acrescentadas a esta construção, "sem fim nem início", da exegese judaica. Os dois autores encerram a apresentação que fizeram do alfabeto hebraico, com um comentário histórico: "Na época do Templo, os professores tinham por método fazer as crianças lamberem as letras embebidas de mel para que elas aprendessem que o mundo do alef/bet – alfabeto – é um mundo açucarado, pleno de doçura, sem amargura" (p. XIX). A aproximação do mundo da escrita com o mundo açucarado é bem apropriada. (COVIELLO, 2020, p. 34).

O exemplo acima é extraordinário! A interpretação e o ensinamento da Palavra, estão muito acima de uma simples transmissão de conteúdo. Conforme lembra João Coviello, para além das metáforas e das alegorias, os recursos didáticos chegam ao extremo para testemunhar que a doçura do amor de Deus está igualmente presente na sua Palavra. Onde está Deus ali está a sua Palavra criadora e onde está a Palavra criadora de Deus, é o próprio Deus quem está falando. Uma das exigências e das urgências feitas à interpretação da Palavra, é exatamente a atualidade e a crítica. Muitos textos foram e são constantemente produzidos e publicados.

Isso traz duas consequências: uma é a riqueza de possibilidades de acesso às reflexões, inclusive de ótima qualidade, sobre o texto bíblico, pois temos excelentes exegetas, biblista e hermeneutas; outra é certo distanciamento dos textos originais que embora natural seja que isso aconteça, nenhum texto substitui os originais. "O tipo de crítica bíblica que começou nos séculos XIX e XX era de uma natureza completamente diferente, porque agora podemos ter textos que não são de nenhuma comunidade, exceto talvez a comunidade acadêmica". (RICOEUR, 2006, p. 279). Os recursos disponíveis para a interpretação e atualização da mensagem bíblica, existentes hoje, facilitam o acesso aos textos à muitas mais pessoas, comunidades e povos.

> Em Mt 16,25 lemos: "Quem quer salvar a sua vida a perderá, mas aquele que perder a sua vida por causa de mim a encontrará". Se queremos compreender esse versículo é importante notar o fato de que a perícope a que pertence foi colocada em todos os evangelhos sinópticos imediatamente depois da confissão de Pedro. À questão de Jesus: "Mas vós quem dizeis que eu sou?", Simão Pedro respondeu: "Tu és o Cristo, o Filho do Deus vivo". É o mesmo Pedro que imediatamente depois escandalizou-se com o anúncio feito por Jesus de seus sofrimentos iminentes e de sua Paixão. "Deus te livre, Senhor", exclama Pedro. "Isso nunca deve te acontecer", uma resposta que chama a réplica surpreendente, quase violenta de Jesus: "Retira-te,

Satanás. És um escândalo para mim, porque não estás do lado de Deus, mas dos homens". Que essas duas perícopes sejam colocadas uma ao lado da outra não é fortuito, mas deliberadamente desejado por três evangelistas sinópticos, porque esse encadeamento sugere que o preço que temos de pagar para seguir Jesus não é independente da questão de sua identidade. Pedro procura um Cristo glorioso e não pode aceitar o fato de que o Cristo seja o Servo sofredor, que seja o Servo sofredor cantado pelo segundo Isaías. (RICOEUR, 2006, p. 233).

Os elementos teológicos, as circunstâncias vividas e os argumentos apresentados pelo filósofo francês, Paul Ricoeur, são de extrema importância para a nossa compreensão histórica da hermenêutica. Ainda podemos ressaltar a grandiosa contribuição de um hermeneuta que embora seja da filosofia, nos ensina que o método e a capacidade de interpretar o texto e sua mensagem com profundidade, são componentes complementares. Os mestres hermeneutas nos dão a régua e o compasso para desenharmos nós mesmos as nossas interpretações e tirarmos de cada texto o que ele tem de mais essencial.

1.5 CRITÉRIOS HERMENÊUTICOS E SUA IMPORTÂNCIA PARA A ECLESIOLOGIA

A Igreja precisa muito da hermenêutica. Depende dela para ser uma Igreja atualizada e profética. Os diversos fundamentalismos, estão ligados quando não à ausência da hermenêutica, à forma equivocada de fazê-la. A história da Igreja nos mostra uma trajetória da hermenêutica na dimensão fortemente interna, uma hermenêutica clerical. Hoje, porém, com os processos de comunicação digital, com as tecnologias influenciando todas as dimensões da vida, não dá mais ser assim. Assim como os recursos da ciência e as novas técnicas de pesquisa da arqueologia possibilitaram descobertas revolucionárias no decorrer dos últimos dois séculos, as mudanças e os avanços no campo da comunicação protagonizados pelas mídias digitais, exige novos critérios de se interpretar.

Fundamentalmente, partindo-se da realidade que diz que a cristandade, ficou para trás, e não é mais o mundo que está na Igreja, mas é a Igreja que está no mundo. Essa mudança de visão e de concepção da Igreja, exige novas hermenêuticas. Mudam os critérios hermenêuticos. A interpretação dos textos se dá na dimensão religiosa e é neste campo também que reside a hermenêutica. "A relação do homem religioso com os textos é o grande fundamento da hermenêutica". (COVIELLO, 2020, p. 48). Vale ressaltar que, de modo especial numa perspectiva de Igreja libertadora, profética e cristã, portanto, as grandes maiorias cristãs do Brasil, fiéis da Igreja Católica, não têm uma cultura bíblica. E, não a tendo, não têm também cultura hermenêutica.

Explico-me: Até o término do Concílio Ecumênico Vaticano II (1962-1965), os fiéis leigos e leigas católicos, época de grande maioria cristã, não podia tocar, na Bíblia. Era proibido aos leigos e às leigas, ter uma Bíblia em casa. Apenas o clero tinha assegurado esse direito. Pois bem, estamos a pouco mais de meio século com a Palavra de Deus, em forma de Livro Sagrado, nas nossas mãos. O povo não ouvia nem lia a Palavra de Deus, o povo ouvia e lia o clero. É certo que, neste sentido, na prática, poucas mudanças se veem após cinquenta e oito anos. Inclusive na prática da fé popular. O povo ainda é refém do que pensa, entende e diz o clero.

As grandes maiorias católicas têm como fonte de informação e de orientação na fé, apenas o clero. Este critério é em certa medida maquiado, porque, na verdade, trata-se de uma imposição. De uma forma de dominação. Um critério ou uma forma de fazer hermenêutica, é através das contribuições das diversas ciências. A sociologia, por exemplo, é uma aliada qualificada da hermenêutica, embora a Igreja como instituição, frequentemente a ignore no dia a dia, não obstante o seu reconhecimento no Ensino Social da Igreja. Além dos textos, as religiões também são objetos de interpretação. A sociologia da Religião contribui grandemente para a hermenêutica das religiões e é uma importante disciplina nos cursos de teologia.

> Interpretar a religião também é um dos desejos da sociologia, que "estuda a sociedade em sua diversidade e sua complexidade; em outras palavras, essa área do conhecimento investiga os inúmeros aspectos que permeiam a vida social a partir de estudos aprofundados sobre os fenômenos sociais" (CAMPOS, 2018, p. 24). Essa área de conhecimento parte do princípio de que cada sociedade é formada por pessoas que interagem e compartilham valores, costumes, regras. O objetivo é compreender como as sociedades e como, nelas, ocorrem as relações sociais, o funcionamento das instituições etc. A sociologia surgiu no século XIX, fruto da necessidade de compreender as transformações pelas quais passava a sociedade europeia, com a industrialização e o aumento das cidades. (COVIELLO, 2020, p. 59)

A interpretação deve contar com as diversas manifestações científicas, sociais e religiosas. Um dos critérios da hermenêutica é não se permitir ser levada à estagnação por conceitos retrógrados e sedimentados em anacronismos. Os olhos da sociologia alcançam áreas importantes e com enfoque da Sociologia da Religião faz importantes apontamentos para se interpretar as religiões e para o entendimento da fé. Os critérios hermenêuticos estão relacionados com as principais ciências que, em nosso tempo, são essenciais para a teologia e para a interpretação dos processos de vida. Com a chegada à maioridade dos cursos de Teologia nas faculdades privadas e para leigos e leigas, pois, embora a teologia seja uma ciência tão antiga, ela é muito jovem nesse sentido. O teólogo suíço e professor de teologia Rudolf von Sinner assim nos diz,

> Parafraseando Tertuliano, poder-se-ia perguntar: o que Brasília tem a ver com o Rio de Janeiro, a sede do Ministério da Educação com uma das cidades religiosamente mais plurais do Brasil? Desde 1999, há uma discussão renovada sobre o status acadêmico da teologia, pois foi nesse ano que o Ministério da Educação reconheceu a possibilidade de um diploma de bacharel em teologia. diplomas em nível de mestrado e doutorado em teologia e Ciências da Religião já são reconhecidos desde o final da década de 1980 através da Capes (Coordenação de Aperfeiçoamento de Pessoal de Nível Superior). (SINNER, 2011, p. 268).

A constatação e, ao mesmo tempo, o alerta do professor Rudolf, constitui-se um importante referencial para a discussão sobre a hermenêutica e os critérios adotados para a sua prática. Interpretar o mundo a partir da Igreja, pode nos excluir até da própria Igreja. Tirando-a do raio de nossas lentes e tirando-nos de uma visão mais ampla da realidade.

Assim, igualmente, a psicologia contribui com os critérios interpretativos e fornece elementos substanciais para interpretações críticas. Contribui para que as religiões, ou, as práticas religiosas não se transformem em alienação ou submissão. "Freud respeitava a experiência religiosa, mas também era crítico sobre a possibilidade do homem se tornar submisso aos fenômenos imaginários". (COVIELLO, 2020, p. 60). Interpretar a religião e o ser humano é necessariamente saber interpretar os seus sofrimentos. Pois, continua João Coviello, "O sofrimento humano, para Freud, não tem origens exteriores, como a religião, mas na própria realidade interna do indivíduo". (COVIELLO, 2020, p. 60). A religião tem por missão, não ajudar o ser humano a resignar-se e baixar a cabeça frente aos sofrimentos, mas ajudá-lo a encontrar o sentido do sofrimento, a enfrentá-lo e vencê-lo.

Conhecer e aceitar a influência das línguas, sobretudo as línguas bíblicas, é essencial para a interpretação mais ampla dos textos sagrados na língua vernácula, e confirma a pluralidade como um critério fundante da hermenêutica. Os textos, as palavras e as ideias têm gentidade, possuem DNA, como as pessoas. Todo texto e toda palavra nascem em uma cultura, em uma época e carregam consigo as características de suas origens. Há sempre algo presente no texto da pessoa, do tempo e da cultura que o escreveu. Da mesma forma que, embora por vezes inconscientemente, nós também incluímos ao nosso modo de ser, características daquilo que lemos e ouvimos. Afinal, "A história linguística do mundo em que a bíblia surgiu afeta assim a interpretação que fazemos dela. Por exemplo, os estudiosos ainda não estão de acordo se Jesus falava apenas aramaico, ou também grego *koiné*". (HOLGATE & STARR, 2023, p. 101).

A reflexão sobre as influências da confirmação de que Jesus falava tanto o aramaico quanto o grego *koiné*, tem grande impacto na interpretação dos textos do Segundo Testamento. Entendendo-se a hermenêutica da forma como já foi citado acima, como a ciência da interpretação, seja de textos, discursos, de leis e tratados e estendida aos diversos campos, inclusive abrangendo toda a vida. Afinal, como é objeto de um subitem deste livro, o ser humano é um ser hermenêutico. Interpreta tudo em seu entorno. No meio jurídico, inclusive, corresponde ao estudo de teorias e técnicas e à análise das normas, podendo-se até mesmo dizer, hermenêutica filosófica.

Os critérios hermenêuticos, estão muito relacionados com a área de atuação do hermeneuta e com as suas causas e objetivos. Seguindo o raciocínio do teólogo Roney Cozzer, ao referir-se ao diálogo entre Filipe e o eunuco etíope (Atos 8,30), "Pergunte a você mesmo: "Eu entendo o que estou lendo?" Nossa leitura, estudo e aplicação da Palavra de Deus há de ser muito mais fiel, coerente e relevante quando fizermos desta pergunta uma espécie de autoavaliação do nosso trabalho com o texto". (COZZER, 2022, p. 39). Esta pergunta é válida também para quem estiver lendo este livro e sua resposta será fundamental para o seu autor.

2 ECLESIOLOGIA

A Eclesiologia está inserida no campo da teologia cristã e trata da história, da vida e do jeito de se organizar da Igreja. Trata de temas como a doutrina, a origem, a confessionalidade, a forma de governo e como, afinal, ela se relaciona com o mundo. Embora, em certa medida, ainda se pense na Igreja Católica, quando se ouve falar em história da Igreja, e isso até seja compreensível, especialmente falando-se do passado, pois esta compreensão tem certo sentido, mas hoje já não é mais assim. Tomemos o pensamento do presbítero católico Elias Wolff, por exemplo, que diz, "A Igreja Católica é Igreja de Cristo, mas a Igreja de Cristo é mais que a Igreja Católica". (WOLFF, in BRIGHENTI, 2015, p. 333). Essa constatação é de fundamental importância para uma concepção de eclesiologia mais abrangente, inclusiva e que considere o acontecimento do Concílio Ecumênico Vaticano II e a eclesiologia que nasce a partir dele. Dito isto, poderemos seguir com nossa tentativa de uma boa comunicação.

A nova eclesiologia, pode-se assim dizer com muita alegria, inclusive, nascida de um útero ecumênico e ninada no berço conciliar, tira, na verdade, liberta a Igreja Católica da eclesiologia da cristandade: clericalista, excessivamente centralizadora, autoritária e arrogante. Incapaz de dialogar com as outras igrejas e com o mundo, mas também igualmente incapaz de dialogar com seus próprios fiéis. A relação verticalizada, o poder imposto de cima para baixo, do clero sobre os leigos, o sacramentalismo, a visão moralista e a supervalorização dos dogmas. Tudo isso, em tese, foi superado. A nova Igreja, ou o novo jeito de ser Igreja, agora, dialoga com o mundo moderno, com as ciências e acolhe as outras igrejas como irmãs. A LUMEN GENTIUM, constituição dogmática sobre a Igreja, identifica e apresenta a Igreja pós-conciliar como sendo o Povo de Deus.

> Em qualquer tempo e nação, é aceito por Deus todo aquele que o teme e pratica a justiça (cf. At 10,35). Aprouve, no entanto, a Deus santificar e salvar os homens, não individualmente, excluindo toda a relação entre os mesmos, mas formando com eles um povo, que o conhecesse na verdade e o servisse em santidade. E assim escolheu Israel como seu povo, estabeleceu com ele uma aliança, e o foi instruindo gradualmente, manifestando-se a si mesmo e os desígnios de sua vontade, na própria história do povo, santificando-o para si. Tudo isto aconteceu como preparação e figura aquela aliança nova e perfeita, que haveria de ser selada em Cristo, e da revelação mais plena que havia de ser-nos comunicada pelo próprio Verbo de Deus, feito carne. "Eis que vêm os dias (palavra do Senhor), em que estabelecerei com a casa de Israel e a casa de Judá uma aliança nova... Gravarei no mais profundo do seu ser a minha lei e escrevê-la-ei em seus corações; serei o seu Deus e eles serão o meu povo. Todos hão de conhecer-me desde o menor ao maior, diz o Senhor" (Jr 31,31-34). Cristo estabeleceu este novo pacto, a nova aliança do seu sangue (cf. 1Cor 11,25), formando, dos judeus e dos gentios, um povo que realizasse a sua própria unidade, não segundo a carne, mas no Espírito, e constituísse o novo povo de Deus. Os que creem em Cristo, renascidos de uma semente não corruptível,

> mas incorruptível pela palavra do Deus vivo (cf. 1Pd
> 1,23), não da carne, mas da água e do Espírito Santo
> (cf. Jo 3,5-6), vêm a constituir "a estirpe eleita, o sa-
> cerdócio real, a nação santa, o povo conquistado... que
> em tempos não era, mas agora é o povo de Deus" (cf.
> 1Pd 2,9-10). (LG, n° 9).

Quando lemos e refletimos sobre este tratado sobre a Igreja pós-conciliar, entendemos a profundidade e o alcance das mudanças na eclesiologia da Igreja. Igualmente, percebemos e confirmamos que a interpretação feita define os rumos da Igreja e a sua relação com a Palavra. Os personagens conciliares, não inventaram esta eclesiologia, tampouco a encontraram em outra instituição ou livro, que não, nas Escrituras. O diferencial está na interpretação feita dos textos bíblicos e atualização teológica e eclesial. Complementada pela coragem e a pela firme decisão de fazer. De maneira especial, vê-se o Livro dos Atos Apóstolos; a primeira Carta de Pedro; e o Livro do Profeta Jeremias; e a primeira Carta aos Coríntios. Dito de outra forma, a Igreja Povo de Deus, trazida à luz pelo Concílio, já existia em potencial nas Escrituras, carecia apenas de uma interpretação adequada e de uma decisão que lhe dessem vida e materialidade. Da mesma forma, vê-se a importância de se ter a disciplina de eclesiologia nos cursos de teologia, assim como a disciplina hermenêutica bíblica.

O encontro entre Deus e o povo, como fundamento da fé cristã e ponto de referência das alianças feitas, se concretiza, se renova e ganha valor salvífico, no pleno encontro entre o povo e a Palavra de Deus. A Igreja vista a partir da eclesiologia pós-conciliar, já não é mais apenas casa de oração, ou de penitência. A igreja é casa de estudo, de reflexão, de encontros e de transformação. É casa de espiritualidade. Porque complementando a eclesiologia da Lumen Gentium, a Constituição Pastoral do Concílio, Gaudium et Spes – GS, elege como atribuição deste povo de Deus, transformar o mundo.

> Tem, portanto, diante dos olhos o mundo dos homens, ou seja, toda a família humana, com todas as realidades no meio das quais vive; esse mundo que é teatro da história da humanidade, marcado pelo seu engenho, pelas suas derrotas e vitórias; mundo que os cristãos acreditam ser criado e conservado pelo amor do criador; caído, sem dúvida, sob a escravidão do pecado, mas libertado pela cruz e ressurreição de Cristo, vencedor do poder do maligno; mundo, finalmente, destinado, segundo o desígnio de Deus, a ser transformado e alcançar a própria realização. (GS, nº 2).

O mundo como teatro da história pede homens e mulheres capazes de interpretá-lo e de interpretar a sua história. Esta eclesiologia deixa e legitima a Igreja inserida no mundo para transformá-lo. E essa transformação não é apenas como um projeto de reformas que apenas muda as coisas de lugar. É uma transformação que se inicia na mudança de mentalidade. Muda o paradigma eclesial e muda o jeito de se pensar a Igreja, mudando toda a prática eclesial: seus ritos, seus ritmos, sua liturgia e especialmente, sua teologia. transformar a Igreja de uma casa de ritos e de obediência na Igreja ovo de Deus, é uma missão, fruto de um chamado.

A dimensão pastoral ganha expressividade e a dicotomia tão presente entre a fé e a vida é superada. A teologia assume a função de ser a inteligência da pastoral que, por sua vez, se faz a ação da teologia. O Concílio trouxe as bases para uma conversão pastoral da Igreja e na Igreja. "A conversão pastoral é uma necessidade para se chegar ao Reino, (Marcos 1,14-45), e uma urgência para toda a Igreja e para cada um e cada uma de nós, e, ao mesmo tempo, um processo permanente e para toda a vida". (SANTIAGO, 2020, p. 36). As duas constituições do Concílio citadas acima, são as duas colunas principais que sustentam a Igreja Pós-conciliar. Juntas descrevem e definem quem é e como deve ser a Igreja. E esta definição revela a hermenêutica e a eclesiologia da Igreja e sua teologia ao mesmo tempo.

2.1 ECLESIOLOGIA E HISTÓRIA DA IGREJA

Encontramos frequentemente estas duas expressões como títulos de disciplinas acadêmicas. Também as encontramos nos cursos de extensão, nos estudos informais nas igrejas. As vezes juntas, como um único tema; outras vezes separadas, cada uma como uma disciplina ou como um tema específico. As afinidades e semelhanças entre elas são facilmente visíveis, mas cada uma tem a sua especificidade e o seu lugar nas grades dos cursos. A história da Igreja apresenta uma constante relação entre a Igreja e a humanidade, mas também e igualmente com o humanismo. Embora seja verdade que existam contradições e paradoxos no decorrer da história da Igreja, com posturas eclesiais nem sempre humanistas.

O Concílio Vaticano II, entre tantas de suas virtudes que fizeram da Igreja Católica uma Igreja mais cristã e por isso mesmo, mais humana e encarnada no Evangelho, abriu canais de diálogo com as outras igrejas e para a diversidade religiosa. Assim, houve por parte da Igreja Católica o reconhecimento dos teólogos, das teologias e das eclesiologias protestantes, antes tão rotuladas e por vezes até estigmatizadas. Dentro dos campos da eclesiologia e da história da Igreja, encontramo-nos com o mundo clássico: a teologia clássica e os conceitos clássicos, de teólogos tão bem entendidos e com teologias tão bem desenvolvidas que não seria exagero chamá-las de teologias clássicas, como a de Karl Barth,

> Um humanismo cristão, em Barth, é o humanismo de Deus, identificado com Jesus Cristo. Falar do humano é falar de Jesus, falar de Deus é falar de Jesus. Nesses termos, uma aproximação àquilo que Jens Zimmermann (2019, cf. ZEFERINO; SINNER, 2020) reconhece como um humanismo encarnacional em Bonhoeffer parece viável. A fórmula *Deus se torna humano para que o humano se torne em semelhança de Cristo* se aproxima ao caminho da ética da graça anteriormente apresentado. Um humanismo cristão em diálogo com Barth, portanto, precisa partir de uma releitura daquilo que Tracy (1981) chamará de clássico cristão por excelência — Jesus. A graça, como base da cristologia barthiana, permite que se pense em um humanismo cristão que valoriza uma ética da graça em relações de co-humanidade. (ZEFERINO & SINNER, 2022, p. 22).

Este passo dado pela Igreja Católica de reconhecimento das teologias e dos teólogos protestantes, parafraseando o astronauta Neil Armstrong (1969), pode ter sido um pequeno passo em direção ao Reino, mas foi um grande passo para o cristianismo e, sobretudo, para a eclesiologia. O fato é que, as democracias e os Estados democráticos comprovam que sem humanismo levado a sério, não se pode falar sobre vida em liberdade e sem vida em liberdade não se pode falar em cristianismo.

A relação entre humanismo e cristianismo é tão ontológica que, embora pareça uma redundância o humanismo cristão em Karl Barth, mesmo assim a expressão é bela de se ouvir, de se dizer e de se ler. Destaquemos o fato de que, Karl Barth (1886-1968), foi um teólogo protestante, reformado, nascido na Basiléia, suíça. Sua teologia dialética, reconhecida como a Teologia da Palavra de Deus e que promoveu o reencontro primordial do Cristianismo com a Teologia Cristã. Assim, Barth transcende as fronteiras do protestantismo e até mesmo as fronteiras acadêmicas. E sua teologia encontra sintonia com os ares de liberdade e ecumenismo do Concílio Vaticano II. E esta sintonia é recíproca.

Destaquemos como referência da significativa mudança na eclesiologia da Igreja Católica – lembrando que, no início da segunda metade do século XX, quando se encerrou o Concílio Vaticano II (1965), algo em torno de dois terços da população brasileira reconhecia-se como cristã de confissão Católica e Apostólica Romana – vejamos o que diz a Constituição Dogmática sobre a Revelação Divina DEI VERBUM – DV,

> É necessário, por isso, que todos os clérigos e sobretudo os sacerdotes e todos os que, os diáconos e os catequistas atendem legitimamente ao ministério da palavra, mantenham um contato íntimo com as Escrituras, mediante à leitura sagrada e o estudo aturado, "a fim de que nenhum deles se torne pregador vão da Palavra de Deus por fora, por não a ouvir de dentro,

tendo como têm, a obrigação de comunicar aos fiéis que lhes estão confiados, as grandíssimas riquezas da palavra divina, sobretudo na Sagrada Liturgia. Do mesmo modo, o Sagrado Concílio exorta com ardor e insistência todos os fiéis, mormente os religiosos, a que aprendam, "A iminente ciência de Jesus Cristo" (Fl 3,8) com a leitura frequente das divinas Escrituras, porque "a ignorância das Escrituras é ignorância de Cristo". Debrucem-se, pois, gostosamente, sobre o texto sagrado, quer através da Sagrada Liturgia, rica de palavras divinas, quer pela leitura espiritual, quer por outros meios que se vão espalhando tão louvavelmente por toda parte, com a aprovação e o estímulo dos pastores da Igreja. Lembrem-se, porém, que a leitura da Sagrada Escritura deve ser acompanhada da oração, para que seja possível o colóquio entre Deus e o homem; "com ele falamos quando rezamos; a ele ouvimos quando lemos os divinos oráculos". (DV, nº 25).

As mudanças implantadas na Igreja Católica com o acontecimento do Concílio Vaticano II, e tão bem expressadas na DEI VERBUM, constituem-se uma verdadeira revolução. Trazem consigo a necessidade, a exigência de uma mudança de mentalidade, porque propõem outro paradigma de Igreja, de espiritualidade e de se viver a fé. Uma revolução, sobretudo na eclesiologia da Igreja. E tudo isso, carece de outra teologia, que seja libertadora, cristã, diferente da teologia tridentina: clericalista, autoritária e avessa à democracia, à vida em comunidade e ao ecumenismo. Pois, afinal, éramos ignorantes das Escrituras e ignorantes de Cristo, portanto, como afirmava São Jerônimo nascido em torno do ano 350 em Estridão, uma localidade da Dalmácia.

Este verdadeiro encontro entre a Palavra de Deus e o Povo de Deus que celebra como Igreja, é o que faz do Concílio Vaticano II o novo Pentecostes na vida da Igreja. Em certa medida, temos a descolonização da Bíblia como Palavra de Deus e por via de consequência, a possibilidade de desimperializar o cristianismo católico. Enquanto Trento foi um Concílio reformador, por todas as referências já feitas, o Concílio Vaticano II, vai muito além do que propor simples reformas. Propõe uma revolução na Eclesiologia. Evidentemente que estes quase sessenta anos de história pós-conciliar, já mostraram o quanto essa missão é exigente na prática.

Ainda hoje temos mais fiéis com a mentalidade tridentina que vaticanista. Se toda mudança é lenta e traz exigências que somente a prática da vivência pode conhecê-las ou torná-las conhecidas, quando se trata de mudanças na Igreja milenar isso se potencializa de forma exponencial. Não obstante, as impressões e publicações de Bíblias e a autorização de seu uso, de seu manuseio e estudo, as liturgias se abriram para a participação da assembleia que agora é quem celebra. A Bíblia não será mais de uso exclusivo do clero e, inclusive, agora, ela deve ser aberta também e igualmente aos não cristãos.

> Além disso, façam edições da Sagrada Escritura, das convenientes anotações, para uso também dos não cristãos, e adaptadas às suas condições; e tanto os pastores de almas como os cristãos de qualquer estado procurem difundi-las com zelo e prudência. (DV, nº 25).

A ideia e o sonho do Papa João XXIII de colocar a Igreja diante do mundo moderno, o mundo das ciências, o novo mundo do trabalho e das tecnologias, encontra-se presente na citação acima. As Sagradas Escrituras através de edições traduzidas com linguagem acessível e com explicações para que todos a possam entender, inclusive os não cristãos. Assim, com essa concepção de Igreja, podemos começar a falar sobre eclesiologias. A eclesiologia do Concílio Vaticano II mexe de forma muito significativa com o poder clerical na Igreja. Outras eclesiologias ganham voz e vez e a pluralidade religiosa se impõe. Sobre a relação entre reformas e revolução, vejamos,

> O conceito de reforma deve ser entendido no contexto de uma nova organização da Igreja nacional, com relação à sua postura de obediência à Santa Sé e à consolidação das diretrizes do Concílio de Trento, que pretendia uma definição da ortodoxia católica no campo doutrinário e a reforma dos costumes morais, entendendo-se esta desde a hierarquia até os fiéis católicos. (PEREIRA, 2002, p. 294).

A figura do padre, até então, quem celebrava, dá o seu lugar à presença do presbítero, que já não celebra, preside a celebração. Quem efetivamente celebra, agora, é a assembleia – a *Ekklesia* – a Igreja feita comunidade dos que creem e seguem a Jesus de Nazaré, condenado à pena de morte e assassinado pelo poder religioso e político de sua época. "(...) O que concerne a Jesus de Nazaré, que foi um profeta poderoso em atos e palavras diante de Deus e diante de todo o povo: como nossos sumos sacerdotes e nossos chefes o entregaram para ser condenado à morte e o crucificaram" (Lucas 24,19-20). Assim, em certa medida, a Igreja volta às suas fontes – Refontização – como era o desejo do Papa João XXIII ao convocar o Concílio Vaticano II e como era e se organizava a Igreja no seu início.

Jesus de Nazaré é quem dá identidade à Igreja e à fé cristã, Pois, "Fazer parte da *ekklêsia* supunha, principalmente, aceitar o fato de que a morte na cruz de Jesus era o acontecimento mais importante da história, porque nele se revela Deus como é, sem véus que o ocultasse: Deus era assim". (ARBIOL, 2018, p. 110). A eclesiologia pós-conciliar é cristocêntrica, não é eclesiocêntrica, como se pode defini-la antes do Concílio Vaticano II. Ou seja, tem Jesus de Nazaré, condenado à morte e morto como um amaldiçoado, mas que Deus, o Pai, o ressuscitou. Este é também o centro da fé cristã.

> O sacerdote preside a assembleia em nome de Cristo. As preces que dirige a Deus são feitas em nome de todos os presentes. Os sinais usados para manifestar as coisas invisíveis foram escolhidas por Cristo e pela Igreja. Todos esses sinais visam à "nossa instrução", não apenas quando se lê "o que foi escrito" (Rm 15,4), mas também quando a assembleia ora, canta ou age, alimentando a participação dos fiéis e lhes despertando o espírito para Deus, a fim de que lhe prestem um culto consciente e dele recebam todas as riquezas da graça. (SSC, nº 33).

Embora presidir seja diferente de celebrar e, sobretudo na perspectiva do Concílio Vaticano II, signifique outra função e estabeleça outra relação de poder, para o clero quase nada mudou. O poder permanece centralizado e a função apenas trocou de nome. O povo, os fiéis que, reunidos em assembleia deveriam celebrar, agora com toda a dignidade de filhos e filhas de Deus, não conhecem o Concílio e a sua maioria vive como se ele sequer tivesse acontecido. Embora se beneficie de seus avanços, não têm consciência disso. Mesmo quase sessenta anos depois, os dezesseis

Documentos do Concílio, incluindo as quatro colunas da Igreja pós-conciliar, a saber: Dei Verbum – DV; Lumen Gentium – LG; Gaudium et Spes – GS; e Sacrosanctum Concilium – SC; permanecem desconhecidos dos católicos. Uma nova eclesiologia está sendo gestada a partir de uma Igreja Sinodal, mas será uma gestação de longa duração.

> Nestes anos pós-conciliares se estabeleceu uma tensão que ainda não foi resolvida. E ela passa pelo critério de interpretação do Vaticano II. Há quem diga que o Concílio estabeleceu uma ruptura com o passado por um lado, e há quem diga que ele é simplesmente uma continuidade atualizada do mesmo modelo eclesiológico decorrente do passado. (CARIAS, 2023, p. 25).

São estas contradições que, sem dúvidas, acompanham a Igreja. A eclesiologia que nasceu do Concílio Vaticano II exige uma Igreja Sinodal. E uma Igreja Sinodal, exige relações horizontalizadas, exige democracia participativa e a vivência da comunhão, algo distante da realidade eclesial de hoje, mais de meio século após o término do Concílio Ecumênico que tinha como inspiração exatamente reorganizar a Igreja. O longo papado ultraconservador e excessivamente doutrinário de João Paulo II, fez adormecer a profecia acordada neste novo Pentecoste para toda a Igreja. Não se põe em prática uma eclesiologia avançada como a que o Concílio propôs, partindo-se do Catecismo e do Direito Canônico, como o fizeram João Paulo II e Bento XVI, respectivamente. Basta que observemos a significativa diferença entre eles e o Papa Francisco que, visivelmente, parte das Sagradas Escrituras.

2.2 IGREJA, EKKLESIA, ASSEMBLEIA, REUNIÃO: CONCEITO

A Igreja, a partir de sua forma organizativa tem sua origem como Assembleia. Povo reunido, celebrando a vida e louvando a Deus. É esse, inclusive o padrão de Igreja Paulina. A Igreja Doméstica, sobretudo, organizada e que celebra nas casas. Paulo de Tarso apresenta novas perguntas, mas também ajuda a encontrar novas respostas para velhas e repetidas perguntas. É bastante frequente nos depararmos hoje com situações em que se fazem perguntas que não têm mais sentido. E não é menos raro ouvirmos respostas que já não respondem corretamente e, portanto, já não comunicam. Quando muito transmitem comunicados. O dia a dia da Igreja é muito repetitivo e resistente às mudanças, por vezes tão necessárias.

De modo especial, Paulo e sua eclesiologia, desclericalizada, em certa medida desinstitucionalizada, e literalmente pé-no-chão e pé-na-estrada, não dão e não aceitam respostas velhas para novas e necessárias perguntas. Será que não é este um dos problemas das Igrejas Cristãs no nosso tempo? Neste início da terceira década do século XXI? A saber: excessivo apego e dependência às estruturas, cada vez mais pesadas e caras. Demasiada institucionalização, causando o desvio denunciado pelo Papa Francisco como autorreferencialidade (GE nº 165), como um disfarce sutil de satanás, para parecer-se com um anjo de luz. É preciso se pensar sobre isso.

Na cruz em que prenderam Jesus quem morreu foram o sacramentalismo, os fundamentalismos e o rubricismo como forma de sobrevivência das doutrinas sedimentadas. Deus ressuscitou Jesus e os que são incapazes de perdoar e de se converterem, ressuscitaram os fundamentalismos,

os rubricismo, o sacramentalismo e as doutrinas petrifica-
das e envernizadas com uma fina camada de tinta de uma
falsa espiritualidade. A grande batalha que se estabeleceu
e que perdura até hoje, é entre a espiritualidade profética
do Deus que ressuscitou Jesus e as forças do antireino que
tentam negar o Cristo pobre, humilde e sofredor. Forças
estas que, escondidos por detrás das humanas fraquezas de
Pedro (João 13,8), adotam a sua primeira reação em forma
de resposta e se recusam a ter parte com o Jesus manso e
humilde, que veio para servir e não para ser servido, não
lhe permitindo que lhes lave os pés. É este o Jesus que a
Igreja deve seguir. "Jesus escolheu a casa e não o templo,
a mesa e não o altar, a partilha e não o sacrifício, a família
e não o sacerdócio. Por isso morreu. Por isso foi morto.
(GALLAZZI, 2008, p. 21).

A Igreja é frequentemente representada por imagens.
Desde o Primeiro Testamento, quando a Igreja não é uma
realidade latente, pois, o Reino é o tema tratado e a revelação a ser feita, as imagens são o recurso de representação
simbólica. O Concílio Vaticano II faz esta aproximação na
Lumen Gentium – LG,

> Assim como no Antigo Testamento, a revelação do Rei-
> no foi muitas vezes apresentada em figuras, também
> agora a Igreja nos dá a conhecer a sua natureza ínti-
> ma servindo-se de imagens – tiradas da vida pastoril,
> da agricultura e da construção, quer também da vida
> familiar e do noivado imagens já delineadas no livro
> dos profetas. (LG n° 6a).

Por isso, a Igreja não pode ser dissociada do Reino e de
seus valores. Ela deve ser sempre o sinal visível da presença

do Reino na terra. A justiça, o direito, a compaixão e o serviço, tão presentes nos profetas, sobretudo em Jesus de Nazaré, não são questões alheias à Igreja. Antes, são essências da sua natureza, são a identidade de sua eclesiologia. Senão, vejamos.

> A Igreja é um redil, cuja porta única e necessária é Cristo (Jo 10,1-10). É um rebanho, do qual o próprio Deus anunciou haver de ser o pastor (cf. Is 40,11; Ez 34,11ss), e cujas ovelhas, governadas embora por pastores humanos, são incessantemente conduzidas e alimentadas pelo mesmo Cristo, bom pastor e príncipe dos pastores (cf. Jo 10,10-11; 1Pd 5,4), que deu a vida pelas ovelhas (cf. Jo 10,11-15). (LG nº 6b).

A eclesiologia da Igreja deve ser, então, cristocêntrica, afinada com os valores do Reino, á eles subordinada. A bonança, a abundância de vida, a colheita farta e para todos os filhos e todas as filhas e igualmente estão na constituição do Reino e da Igreja na mesma proporção. Pois,

> A Igreja é a lavoura do campo de Deus (cf. 1Cor 3,9). Neste campo cresce a oliveira antiga, cuja raiz santa foram os patriarcas e na que se obteve e completará a reconciliação dos judeus e dos gentios (Rm 11,13-26). Ela foi plantada pelo Agricultor celeste como vinha eleita (Mt 21,33-43 e lugares paralelos; cf. Is 5,1ss). Cristo é a vide verdadeira que comunica a vida e a fecundidade aos sarmentos, isto é, a nós que pela Igreja permanecemos nele e sem o qual nada podemos fazer (Jo 15,1-5). (LG nº 6c).

Embora rica em imagem, em imaginação e em comunicação, essa linguagem recheada de elementos simbólicos e de comparações, que costumam ser altamente comunicadoras, se fazem um problema para as Igrejas hoje. O que dizem para a última, talvez para as últimas duas gerações de seres humanos, nascidos e criados no mundo urbano, estas imagens todas rurais? Todas do campo, da agricultura e da roça? Qual é o significado de vinha, de oliveira, redil, ou mesmo ovelhas e rebanho? São desafios ainda não enfrentados com a devida seriedade pelas Igrejas. É desses desafios que dizemos surgirem as novas eclesiologias, que, por sua vez, pedem novas linguagens.

A presença constante dos mesmos elementos e das mesmas figuras, configura-se como uma vontade de Deus para a missão da Igreja como sinal do seu Reino na terra. A proposta, a partir desta realidade, é ser a Igreja e não apenas ser da Igreja, ou simplesmente ir à Igreja. É ser casa de acolhida e alimento para quem se aproxima. Essa eclesiologia tem a fecundidade que a fé cristã pede e exige. E esta é a grande e urgente missão dos teólogos e das teólogas de hoje, sendo esta também matéria obrigatória nas grades dos cursos de teologia. Neste sentido, o grupo de teólogos renomados, afinados com a modernidade, com a sociedade das ciências, propositores de novas hermenêuticas, novas eclesiologias e de novas perguntas e que pedem uma teologia atualizada, enquanto denunciam o esgotamento da teologia neoescolástica, e todos tiveram problemas com o poder romano, tanto antes como depois do Concílio.

Simbolizam essa corrente teólogos como K. Rahner, E. Schillebeeckx, H. Küng. B. Häring, Y Congar, H. de Lubac, J. Fuchs e outros. Formou-se, nos anos anteriores, concomitantes e posteriores ao Concílio Vaticano II, brilhante plêiade de teólogos dessa vertente. Eles influenciaram a preparação, o desenrolar e a recepção do Concílio na Europa e no mundo. (LIBANIO, 2001, p. 18).

João Batista Libanio faz parte confortável e merecidamente desta plêiade por ele citada, de teólogos brilhantes. A teologia em voga na Igreja, está sempre relacionada à sua eclesiologia e vice-versa. Se a eclesiologia do Concílio Vaticano II não foi ou não está sendo executada, é porque igualmente a teologia do Concílio não está sendo posta em prática. Esta constitui-se a urgente missão dos teólogos e das teólogas, caso contrário, ficarão em dívida com a Igreja no caminho rumo ao Reino. Aliás, e isso vale também e igualmente para os cursos de teologia, já não nos basta simplesmente pôr em prática a teologia do Concílio, mas atualizá-la. Assim como a sua eclesiologia.

O próprio conceito de Ekklesia, como assembleia reunida, já não diz o suficiente, frente as realidades virtuais e digitais de hoje. Além disso, a própria expressão comunidade já fala de algo do passado, embora recente. A fé cristã se manifesta institucionalmente predominantemente a partir de grandes templos, catedrais e não de verdadeiros espetáculos midiáticos. Isso sugere o surgimento de outra eclesiologia. A história e mais diretamente as circunstâncias históricas trazidas pelas mudanças políticas, sociais, culturais e especialmente científicas e no último século, tecnológicas, influenciam e até mudam a eclesiologia. O relato feito pelo teólogo e professor da PUC-Rio, Celso Carias, aponta para estas influências.

No início, o espaço da comunidade eclesial era a casa dos/as cristãos/ãs. Com o crescimento das adesões ao projeto de Jesus aconteceram doações de casa que

> ficavam reservadas, exclusivamente ao culto. O mais antigo prédio cristão conhecido é a casa-igreja de Dura Europos, às margens do Rio Eufrates, por volta do ano 250. Somente quando o Império Romano deixou de perseguir o cristianismo e o adotou como sua religião oficial é que surgiram as primeiras igrejas (prédios) nos moldes como conhecemos hoje. (CARIAS, 2023, p. 74).

Tem-se a impressão de que hoje se faz o caminho inverso da afirmação do professor Carias. As celebrações vão se afastando das casas, a Igreja vai ganhando o sinônimo de prédio, de templo e, embora se tenha o apelo forte e pertinente do Papa Francisco para a Igreja em Saída, aumenta a cada dia a eclesiologia clerical que para ser reconhecida precisa acontecer dentro dos templos, sob a palavra do clero e não necessariamente sob a Palavra de Deus.

Ressalte-se a nova tendência arquitetônica das casas e o novo padrão familiar que se configura hoje em dia. São casas cada vez menores, com cada vez mais menos espaços de encontros e de confraternizações e celebrações, então, nem se fala. A casa se transformou em uma espécie de refúgio para o descanso, onde até as visitas devem ser poucas e se possível não devem existir. Ainda temos a desafiadora realidade dos condomínios fechados que são feitos para que Deus não entre neles.

As próprias cidades já trazem um pouco deste distanciamento das pessoas, entre elas e entre elas e Deus. As Igrejas ainda não conseguiram encontrar linguagens, nem metodologias e, sobretudo, imagens que contribuam para a evangelização no mundo predominantemente urbano. E de modo especial e preocupante, para esta realidade das tecnologias e da virtualidade. As Igrejas mantêm-se autocentradas e praticamente ignoram no mínimo relativizam a questão teológica. Centram e concentram suas ações nos sacramentos, ou algo que o valham, como se estes fossem o seu fim e não um meio, talvez, até mesmo, um ponto de partida. A Igreja Doméstica, identificada a partir desta referência, "As Igrejas da Ásia vos saúdam. Áquila e Priscila vos enviam muitas saudações no Senhor, como também a Igreja que se reúne em casa deles". (1 Coríntios 16,19), inspirada em Paulo de Tarso, e de onde nascem as outras Igrejas, foi subjugada e sequer é contada nas eclesiologias atuais.

> Daqui se pode tirar uma conclusão importante para compreender esta estratégia paulina: o objetivo teológico é superior ao eclesiológico. Paulo não se propõe construir a *ekklêsia* como um fim em si mesma, mas como uma estrutura que visibiliza o Deus de Jesus, uma mediação, um espelho, um dedo que aponta para Deus; se Paulo tivesse feito da *ekklêsia* o mesmo que sua tradição farisaica fizera com a Torá, teria cometido o mesmo erro que tanto criticou (tão visceral e belicosamente). Seus discípulos é que, em situação posterior diferente, colocaram o olhar para o dedo, para a ekklêsia, porque acreditavam que se havia fundido com o projeto de Deus para a história, que a *ekklêsia* era "a plenitude daquele que plenifica tudo em tudo" (cf. Ef 1,23). (ARBIOL, 2018, p. 125).

A formação teológica deve preceder às doutrinas e os interesses diretamente eclesiais. O exemplo carismático é a missão de Paulo de Tarso, o Apóstolo dos gentios. A eclesiologia de Paulo é consistente e tão forte, resistindo ao tempo e se fortalecendo com ele, exatamente porque é fincada numa teologia sólida e cristocêntrica. Antes, porém, é de suma importância lembrar que, quando o primeiro Evangelho foi escrito, todo o corpo paulino já estava pronto escrito e conhecido.

A eclesiologia paulina, portanto, é pioneira e faz uma interpretação profética dos acontecimentos marcantes envolvendo Jesus de Nazaré. A hermenêutica paulina, por assim dizer, antecede à hermenêutica dos Evangelhos e, inclusive, tem uma identidade eclesial por excelência. Coisa que os Evangelhos não trazem deliberadamente, como Paulo. Ainda, à guisa de conclusão deste subitem, toda a trajetória de Paulo, suas mensagens, suas questões centrais, sobretudo seus enfrentamentos, mas também seu itinerário e sua prática pastoral, são nascedouros de uma Teologia Pública muito estudada atualmente e cara a este estudo.

2.3 IGREJA VISÍVEL E IGREJA INVISÍVEL

Falar sobre visibilidade e invisibilidade em nosso tempo é exigente e pede discernimento, mentalidade aberta e empatia. Não que no tempo que Jesus andava pela Judeia também não o fosse. Não que quando Paulo fazia suas viagens e suas andarilhagens missionárias, também não fosse igualmente exigente. Naquele tempo como agora, duas dimensões destes assuntos já se destacam: primeiro, a visibilidade da opressão contra o povo empobrecido e deserdado de sua dignidade; segundo a invisibilidade deste mesmo povo, enquanto gente e gente que sonha, quer e merece ser feliz, ter e exercer direitos.

Esta é uma visão sociológica, política, antropologicamente irrenunciável e que deve ser o ponto de partida da reflexão teológica cristã. O que é visível e o que é invisível para nós é o que define o nosso agir pastoral e o quão profético será este agir. A concretude das realidades existenciais do povo, é o ponto de partida e é o que define o ponto de chegada, tanto de Jesus de Nazaré, como de Paulo de Tarso. Os dois maiores ícones do cristianismo respectivamente. O encontro ou a comunhão entre a Igreja Visível e a Igreja Invisível, buscado na celebração eucarística; entre a Igreja física e a Igreja Espiritual, é a antropologicidade da teologia, ou seja: é a vida concreta do povo e como ela se dá. Se teologia é a gente quem faz, não existe teologia sem antropologia.

Para que a Igreja visível que se reúne como *Ekklesia*, veja e se encontre com a Igreja Invisível, escatológica e espiritual, ela precisa conhecer a vida dos pobres. Tantas veze mortos em vida. E conhecer aqui, não pode ser apenas no sentido literal, como sinônimo de já ter visto, ou identificado. É conhecer aqui no sentido alegórico e carente de interpretação, como o verbo viver na pergunta de Maria de Nazaré ao anjo do Senhor. "Como vai acontecer isso, se não vivo com nenhum homem?" (Lucas 1,34). Maria não vivia maritalmente com nenhum homem, mas ela certamente vivia e convivia com vários homens na sua comunidade. Inclusive, algumas traduções utilizam para a resposta de Maria, o mesmo verbo conhecer.

A Igreja Visível está presente no mundo, age, celebra e é vista e reconhecida através de sua prática, feita de ritos, de ritmos e cantos e louvores. A Igreja Visível é feita de gente que se encontra, se organiza, celebra e pratica a compaixão. Tem um endereço e neste endereço tem o templo e neste templo vão pessoas que têm diferentes funções e compromissos: o padre; os/as catequistas; os/as ministros/as diáconos; lideranças pastorais; grupos de oração e de reflexão; os/as missionários/as; enfim, a Igreja Visível tem uma agenda, tem um calendário de eventos. É dela que as pessoas estão falando quando dizem: eu vou á Igreja! Logo se imagina um templo, quando se ouve esta expressão. Embora a eclesiologia pós-conciliar defina a Igreja como sendo o Povo de Deus na terra, ainda perdura a imagem-memória de Igreja como templo.

Como nós vivemos uma realidade plural, cada Igreja Visível tem seus próprios ritos, seu próprio jeito de celebrar e quando alguém escolhe uma Igreja para fazer parte, está ao mesmo tempo, aceitando suas regras e normas, como: o batismo, os sacramentos, quando for o caso, está dizendo, eu me identifico com este jeito de ser desta Igreja. É a dimensão visível da Igreja que nos leva a decisão de escolher esta ou aquela denominação, embora, grosso modo, o cristianismo preencha a maior parte do espaço da Igreja Visível no Brasil.

A vida em abundância para toda a humanidade deve ser a grande missão da Igreja Visível. Afinal, Jesus disse: "Dai-lhes vós mesmos de comer!" (Mateus 14,16), para os seus discípulos, quando viu uma multidão faminta. A dimensão do visível deve ser também e igualmente a dimensão do eu me preocupo, do eu me comprometo, do eu sou solidário. Estes, por sua vez, são passos necessários da Igreja Visível em direção ao encontro com a Igreja Invisível.

É importante destacar que a Igreja é vista, avaliada e reconhecida pelo que ela faz. Embora, em certas situações também o seja pelo que ela não faz e deveria fazê-lo. Podemos definir a Igreja Visível como passageira. Tudo nela, assim como acontece conosco, passa. Somos hóspedes neste mundo, somos inquilinos por algum tempo. A Igreja Visível é a responsável pela interpretação da Palavra de

Deus. Se tivermos como referência a Igreja Visível anunciada, pregada e vivida por Paulo de Tarso, teremos também, a partir do Apóstolo dos gentios, uma hermenêutica a ser feita e uma teologia a ser praticada. Estas duas dimensões são muito facilmente visíveis na eclesiologia de Paulo de Tarso.

Podemos afirmar que Paulo de Tarso ressignificou a Igreja Visível, e nos convida a também nós fazermos o mesmo hoje. Paulo nos ensina a dizer: eu sou a Igreja, como nos ensina também a eclesiologia conciliar, e não mais eu sou da Igreja. Assim, nós somos, portanto, a Igreja Visível. A porta de entrada para a Igreja é o chamado. Podemos observar como esta porta se faz presente e realidade inclusive através do batismo, na Carta aos Efésios que Paulo escreveu enquanto estava preso. Podemos, inclusive, a partir desta Carta e deste chamado encontrarmos os elos que ligam a Igreja visível à Igreja invisível. Paulo vive e constrói a realidade presente, mas tem o tempo todo, a realidade futura, eterna, ao alcance de seus sonhos e de seus olhos. A memória do ressuscitado, dos apóstolos e dos profetas, que formam a Igreja invisível e sempre presente.

E a Igreja Invisível? O que é e como ela se define? São perguntas que certamente nos vêm agora. Se quisermos buscar em Jesus de Nazaré uma referência definidora da Igreja invisível, talvez poderemos ficar com esta: "Mas vem a hora, e é agora, na qual os verdadeiros adoradores adorarão o Pai em espírito e verdade; tais são, com efeito, os adoradores que o Pai procura". Deus é espírito e por isso os que o adoram devem adorar em espírito e verdade". (João 4,23-24). A Igreja Invisível, no entanto, é acessível através da Igreja Visível, que por sua vez, tem como sua maior finalidade tornar Deus e sua bondade o mais visíveis possível.

Afinal, o que fez Jesus de Nazaré, o Filho de Deus, com maior destaque e radicalidade? Foi exatamente revelar o Pai. O diálogo entre Jesus e Filipe no Evangelho de João, mas sobretudo a resposta de Jesus a Filipe, é reveladora. "(...) Aquele que me viu, viu o Pai. Por que dizeis: 'Mostra-nos o Pai'? Não crês que eu estou no Pai e o Pai está em mim? As palavras que eu digo, eu não as digo por mim mesmo. Pelo contrário, é o Pai que permanecendo em mim realiza as suas próprias obras". (João 14,9-10). A partir da leitura de Filipenses 2,13, Deus age através de nós e devemos nos fazer instrumentos de seus desígnios. A atividade e as ações dos cristãos devem refletir, em primeiro lugar, a vontade de Deus. Esta atitude e este comportamento são caminhos, são como pontes que ligam a Igreja Visível, humana, terrena, à Igreja Invisível, espiritual, escatológica.

A própria cidadania ganha outra dimensão e somos cidadãos e cidadãs do Reino, pois a cidadania política deste mundo é passageira como vemos e cremos. A Igreja Invisível está presente, embora não vista, na Igreja Visível. Todos os que já morreram e deixaram assim esta vida, inclusive os apóstolos, cofundadores da Igreja, os santos e as santas, segundo a nossa fé, fazem parte e estão na Igreja visível, embora invisíveis. A dimensão memorial tem significado e sentido litúrgico e teológico e espiritual. Tem sentido para a vida, portanto. "Se espírito é vida, então, o oposto a espírito não é matéria, mas a morte". (BOFF, 2015, p. 385). Por isso, a vida espiritual é importante para que a vida biológica, material seja feliz.

O compositor e poeta Padre José Fernandes de Oliveira, o Padre Zezinho, Trata em uma de suas canções, de uma cidadania especial que é a cidadania do infinito. "Sou cidadão do infinito, do infinito, do infinito. E levo a paz no meu caminho, no meu caminho, no meu caminho". (ZEZINHO,

1973). Inspirados em Jesus de Nazaré, o Príncipe da paz (Isaías 9,5), somos conduzidos à interpretação de que a paz de Jesus está diretamente ligada ao infinito, ao absoluto, á vida em abundância e plenitude.

2.4 IGREJA, CIDADANIA E LIBERTAÇÃO

A Igreja é e deve ser uma escola de educação na fé. E a fé, por sua vez, transcende o que diz respeito especificamente à Igreja, á religião, ou à vida religiosa. A teologia e a história de fé que aparecem no enredo bíblico, nos mostram que a fé tem a amplitude para além da existência humana, mas começa com ela. A Fé é sempre fé na vida, fé no ser humano, fé em Deus que está presente em todas as coisas, mas transcende. Os personagens bíblicos, se interpretarmos suas ações com cuidado, são sujeitos e agem com protagonismo. Especialmente, a partir da Teologia do Êxodo, aquilo que hoje nós chamamos de cidadania e de libertação está presente no chamado de Deus, Javé e na missão Moisés.

Cidadania, em um primeiro momento, nós a podemos definir como garantia de acesso a todos os direitos humanos fundamentais, como alimento, liberdade, ou ainda mais plural, liberdades. Porém, a cidadania se expressa é na luta pela conquista e pela garantia desses direitos. Estes são elementos centrais no projeto de vida que aparece na proposta do Deus do Êxodo e nas lutas e nos propósitos de Moisés liderando e conduzindo o povo e de Josué, seu sucessor fazendo a partilha das terras e continuando o projeto.

> Assim, não sois estrangeiros nem migrantes; sois concidadãos dos santos, sois a família de Deus. Fostes

> integrados na construção que tem como fundamento
> os apóstolos e os profetas, e o próprio Jesus Cristo
> como pedra mestra. É nele que toda a construção se
> ajusta e leva para formar um templo santo no Senhor.
> É nele que vós também sois, todos juntos, integrados
> na construção para vos tornardes morada de Deus.
> (Ef 2,19-22).

A saudação de despedida, o até logo, de Jesus de Nazaré no Evangelho de Mateus, é muito significativo e fala desta relação esperançosamente promissora na Igreja. "Quanto a mim, ei que eu estou convosco todos os dias, até o fim dos tempos". (Mateus 28,20). Aqui, Jesus faz memória do Êxodo, da Lei e dos profetas, para dizer que o próprio Deus está presente, caminha e fala com o povo, como estava presente, caminhava e falava naquele tempo. Podemos dizer, mas isso é uma questão de fé. Sim, é mesmo. Estamos no campo próprio da fé, mas uma fé madura e consequente, que não transfere para Deus a responsabilidade por nossos fracassos.

Entre as diversas libertações que precisamos e buscamos, encontra-se a libertação da preguiça, do comodismo, do determinismo e dos fatalismos. A violência no mundo não é uma fatalidade e tampouco é a vontade de Deus. A injustiça, a fome e a miséria não são nem de longe a vontade de Deus. Antes ferem o coração divino e contrariam sua vontade e suas expectativas para conosco. O Reino que vislumbramos como eterno, precisa ser visto, sentido aqui. Precisa ter raízes aqui nesta vida.

A eclesiologia que não dicotomiza a relação da fé com a vida, que não age de forma alienante demonizando a política e tratando a religião e a fé de forma mágica, mas que faz uma interpretação consciente das escrituras. A história de fé do povo de Deus e do povo com Deus, foi feita de embates políticos, ideológicos e culturais. Nestes embates é possível reconhecer a presença de Deus lutando com o povo, por cidadania liberdade e dignidade. Haja vista a presença constante da terra, do direito à terra para morar e tirar o sustento; da água, dos rios e da inclusão das mulheres, dos estrangeiros e dos órfãos. Mais até que a simples inclusão, o dever da garantia do cuidado deles.

A questão fundamental para as Igrejas de hoje, assim como para seus agentes, é fazer uma interpretação dos textos bíblicos que os ajude a enxergar os personagens tornados ocultos pelas redações textuais. É exatamente neste ponto que se fazem necessários os exegetas e hermeneutas. Eles são como luzes que adentram as escuridões e garimpam os tesouros submersos no chão da história dos textos bíblicos. Uma ameaça, a ser enfrentada, toda via, é o fundamentalismo, que faz a leitura literal dos textos, ignorando o seu contexto. A propósito desta metáfora, e, trazendo João Coviello que cita Umberto Eco, a respeito das intolerâncias e dos fundamentalismos, "Humberto Eco (2000, p. 15) parte da definição de fundamentalismo, mas alertando que não é verdade que todos os intolerantes sejam fundamentalistas" (COVIELLO, 2020, p. 108).

> Para Eco, a intolerância está próxima de qualquer doutrina, o que leva a outra pergunta: e quando a intolerância nasce de um momento de ausência de qualquer doutrina? Isto significa que o hermeneuta deverá se preocupar também com aquela que nasce dos impulsos humanos. Como combatê-las com argumentos racionais? Eco (p. 19) responde: "saber regredir até o fundo obscuro da intolerância selvagem. Cavar,

> cavar até encontrá-la, bem lá, onde ela se forma, antes que se torne objeto de tratados eruditos". O autor não utiliza a palavra *hermenêutica* em sua resposta, mas poderia ser utilizada, pois o hermeneuta também tem o hábito de cavar sempre, cavar até encontrar o que procura. (COVIELLO, 2020, p. 109).

A libertação é, portanto, antes de tudo, das intolerâncias e dos fundamentalismos, ambos tão presentes em nosso tempo. São também temas relacionados diretamente com a cidadania e com a política. A eclesiologia conciliar não deixa dúvidas com relação à interpretação da Palavra de Deus e a sua abominação à fome e à escravidão. O que não coube ou não foi possível fazer caber nos Documentos Conciliares, não foram ignorados. A partir de um amplo consenso entre os teólogos e os padres conciliares, envolvendo inclusive o Papa Paulo VI, foi dito, por exemplo, na Carta Encíclica *Populorum Progressio* – PP, de 1967, dois após o encerramento do Concílio, sobre o desenvolvimento dos povos. "O desenvolvimento não se reduz a um simples crescimento econômico. Para ser autêntico, deve ser integral, quer dizer, promover todos os homens e o homem todo, como justa e vincadamente sublinhou um eminente capitalista". (PP, nº 14). Não que os textos conciliares não tenham sido ousados e proféticos em alto nível. Senão, vejamos:

> De resto, todos têm o direito de ter uma parte de bens suficientes para si e suas famílias. Assim pensaram os Padres e Doutores da Igreja, ensinando que os homens têm obrigação de auxiliar os pobres e não apenas com os bens supérfluos. Aquele, porém, que se encontrar em extrema necessidade, tem direito a tomar, dos bens dos outros, o que necessita. Sendo tão numerosos os

que no mundo padecem fome, o sagrado Concílio insiste com todos, indivíduos e autoridades, para que, recordados daquela palavra dos Padres – "Alimenta o que padece fome, porque, se não alimentares, mata-o". repartam realmente e distribuam os bens, procurando sobretudo promover esses indivíduos e povos daqueles auxílios que lhes permitam ajudar-se e desenvolver-se a si mesmos. (GS, nº 69).

A relação entre a fé professada e o compromisso político de libertação da humanidade da chaga da fome, da miséria e da escravidão, está explicitada na citação acima. As libertações que acontecem aqui neste mundo, são sinais da libertação definitiva em Jesus Cristo e apontam para ela. A eclesiologia para ser fiel às diretrizes e aos ensinamentos conciliares, precisa ser comprometida com a fraternidade com os pobres e sofredores.

A ação da Igreja no mundo não pode ser um deleite de louvores que se limitam aos ritos, definhando tantas vezes em ritualismos. É preciso ter ação concreta, presença e ação na superação das injustiças e na garantia dos direitos humanos fundamentais. Algumas eclesiologias atuais, por exemplo, praticam as diversas capelanias: escolar, mortuária, nos cemitérios, na saúde, familiar e até mesmo empresarial. São ações humanitárias que exigem grande comprometimento, preparo e maturidade na fé.

O programa de Jesus apresentado por ele mesmo em sua primeira manifestação pública, quando da sua entrada na vida pública, ou poderíamos dizer, a plataforma de ações de Jesus de Nazaré, as razões de sua vinda através do envio feito pelo Pai, estão explícitas em sua própria apresentação. (cf. Lucas 4,16-30). Este é um referencial importante para se compreender qual seja ou quais devam ser as atribuições dos teólogos e das teólogas, e, por isso mesmo, devem constar nas grades dos cursos de teologia. Assim também como deve ser os primeiros itens de um programa pastoral. O Espírito enviou Jesus de Nazaré para libertar os cativos, os que sofrem e são de alguma forma presos e impedidos de ser plenamente. Jesus, por sua vez, nos envia com a mesma missão. "Então Jesus lhes disse de novo: "A paz esteja convosco. Como o Pai me enviou, assim também eu vos envio". Tendo assim falado, soprou sobre eles e lhes disse: recebei o Espírito Santo. (João 20,21-22).

Ora, o Espírito Santo recebido diretamente de Jesus pelos discípulos, é o mesmo que o ungiu e o enviou para anunciar a boa nova aos pobres. Esta é outra forma de dizer que a missão dos cristãos e das cristãs seguidores e seguidoras de Jesus de Nazaré, é libertar os famintos da fome, os perseguidos das perseguições, os injustiçados das injustiças. Pois não pode existir boa nova mais urgente para quem está com fome que receber comida. A eclesiologia, mas sobretudo os cursos de teologia não podem metaforizar a libertação como se ela fosse apenas uma força de expressão. Não! É libertação mesmo! Por isso a eclesiologia da libertação carece de uma teologia da libertação e de uma Espiritualidade libertadora. E isso se aprende através de testemunhos e de estudos. Inclusive, aprende-se que agir assim, traz mais desconfortos que recompensas. É coisa séria ser cristão.

2.5 IGREJA POVO DE DEUS

Durante todo este capítulo falamos da Igreja, de Deus e do povo. Falamos inclusive da Igreja como o povo de Deus na terra. Este é o seu objetivo. É bom e é belo concluir-mos com o aprofundamento deste tema tão identitário da eclesiologia pós-conciliar. Nós podemos dizer que esta é uma eclesiologia da luz. Que ilumina a ação do povo como Igreja, porque é assim que a *Lumen Gentium*, Constituição Dogmática do Concílio, inicia. "Cristo é a luz dos povos. Por isso, este sagrado Concílio, congregado no Espírito Santo, deseja ardentemente, anunciando o Evangelho a toda criatura (cf. Marcos 16,15), iluminar todos os homens com a claridade de Cristo que resplandece na face da Igreja. (LG, nº 1). A face da Igreja é a presença-ação do Cristo ressuscitado em suas ações, tornando-a acolhedora, solidária e libertadora.

O povo que não era nada, que perambulava sem rumo, mas que agora é o povo eleito de Deus e se reúne, se organiza, celebra e serve a Deus como Igreja. Os Padres e Doutores Conciliares foram buscar na Primeira Carta de Pedro a referência e o mandato para esse passo. "(...) Vós que outrora não éreis seu povo, mas agora sois o povo de Deus; vós que não tínheis alcançado misericórdia, mas agora alcançastes misericórdia". (1 Pedro 2,10). Os vínculos e o pertencimento da Igreja como o povo de Deus, como povo eleito para ser a família de Deus na terra, são visíveis e fortes. Os seguidores e as seguidoras de Jesus de Nazaré são herdeiros de sua missão e devem, portanto, atualizar a sua prática pastoral e espiritual. Vejamos que não se trata de fazer o que Jesus fazia, tampouco como ele fazia. Trata-se de atualizar essa prática, por isso, a importância vital da hermenêutica com uma interpretação atualizada.

A todos os eleitos o Pai "designou desde a eternidade, predestinando-os a reproduzirem a imagem de seu Filho, a fim de que seja ele o mais velho de uma

> multidão de irmãos" (Rm 8,29). Aos que acreditam em Cristo quis convocá-los na santa Igreja, a qual, tendo sido prefigurada já desde a origem do mundo e preparada admiravelmente na história do povo de Israel e na antiga aliança, foi fundada "nos últimos tempos" e manifestada pela efusão do Espírito, e será consumada em glória no fim dos séculos. Então, como se ver nos santos Padres, todos os justos, a começar por Adão, "desde o justo Abel até ao último eleito", serão finalmente congregados na Igreja universal junto do Pai. (LG nº 2).

A Igreja já é uma realidade latente, embora ocultada, desde o Primeiro Testamento. Duas dimensões relevantes para a fé e que as eclesiologias, grosso modo, relativizaram ou ignoraram mesmo em nosso tempo, são: primeiro a questão de filiação. Somos todos, e não apenas os humanos, mas também a toda a criação, filhos e filhas de Deus; segundo que, o reconhecimento como irmãos e irmãs e de todos e todas, é condição "sine qua non", para podermos falar de filiação divina. Ou seja: sem nos aceitarmos e nos reconhecermos reciprocamente como irmãos e irmãs, quebramos os vínculos que nos faziam filhos e filhas de Deus. Talvez, seja porque este tema merece e pede reflexão e discernimento, este seja o assunto prioritário para a eclesiologia da Igreja Povo de Deus.

O paradigma da Igreja Povo de Deus reflete diretamente e significa simbolicamente a inspiração do Papa João XXIII ao convocar o Concílio Ecumênico Vaticano II. A saber: fazer circular ares novos nos corredores mofados da Igreja. Ou seja: dá lugar a uma nova eclesiologia; e fazer penetrar a luz do Espírito Santo nas interpretações e no caminhar eclesial. Ou seja: dá luz às novas hermenêuticas. Superar a realidade de uma Igreja caricata cristãmente diante de uma sociedade moderna e em constantes transformações. Nas questões relacionadas às ciências, avessa aos avanços científicos, dicotomizando a relação entre a ciência e a fé; com relação às outras religiões, uma Igreja autocentrada e arrogante e fechada ao ecumenismo; quanto a relação de poder, virar página para a história de uma Igreja clericalista e autoritária, cuja relação verticalizada, ignora os fiéis como sujeitos eclesiais; a Igreja Povo de Deus resgata a dignidade do batismo e dos batizados reconhecendo as funções eclesiásticas como algo de segundo plano.

O clero deve servir ao povo e não ser servido por ele. Este desvio na compreensão do serviço, tornando-o em poder, sobretudo em dominação é um dos exemplos caricaturescos a ser superado pela eclesiologia da Igreja Povo de Deus. A caricaturização se dá em diversas formas, sobretudo, no sacramentalismo, que faz dos sacramentos um ponto de chegada e não um ponto de partida; na ação pastoral subordinada a uma concessão, a uma permissão ou a uma ordem do clero; o devocionismo agindo como uma patologia da devoção e da religiosidade popular e, sobretudo da fé. A eclesiologia da Igreja Povo de Deus vem para libertar a Igreja dos resquícios da cristandade, da doutrina de Trento, propondo uma liturgia inculturada, uma teologia libertadora e fazendo da assembleia um sujeito eclesial. O que se revela na eclesiologia da Igreja Povo de Deus é uma mudança de tradição, de paradigma eclesial e, ao mesmo tempo, que o cristianismo de volta às fontes só pode ser se vivido no seio de uma comunidade.

> Se é verdade que um vocabulário religioso só se compreende no seio de uma comunidade de interpretação e segundo uma tradição de interpretação, é também

verdade que não existe tradição de interpretação que não seja "mediatizada" por alguma concepção filosófica. Assim, a palavra "Deus", que nos textos bíblicos recebe sua significação da convergência de muitos modos de discurso (narrativas e profecias, textos legislativos e literatura sapiencial, provérbios e hinos) – enquanto simultaneamente ponto de interseção e horizonte que escapa a cada uma dessas formas -, teve de ser absorvida no espaço conceitual para ser reinterpretada em termos do Absoluto filosófico, como o primeiro motor, a causa primeira, o *actus essendi*[5], o ser perfeito etc. Daí vem que nosso conceito de Deus pertence a uma ontologia na qual continua a organizar a constelação inteira das palavras chaves da semântica, mas no interior de um quadro de significações prescritas pela metafísica. (RICOEUR, 2006, p. 209).

Com a eclesiologia da Igreja Povo de Deus, nascida no Concílio Ecumênico Vaticano II, a interpretação da Palavra de Deus ganha uma comunidade viva e atuante e um novo vocabulário, rico em palavras e significados. As narrativas bíblicas ganham um novo sentido e encontro sintonia com as narrativas das comunidades de hoje. O ato de ser, agora tem como causa primeira, como primeiro motor, a Palavra de Deus. É a Teologia do Primado da Palavra quem alimenta o novo jeito de ser da Igreja. E na linha do filósofo francês Paul Ricoeur, "É o papel da teologia coordenar a experiência articulada pelo texto bíblico com a experiência humana em grande escala e como um todo". RICOEUR, 2006, p. 210). O papel atribuído à teologia por Ricoeur, também atribui funções e importâncias aos teólogos.

---

5   A*actus essendi*, expressão em latim, que significa, ato de ser. Tradução livre minha.

3 TEOLOGIA PÚBLICA

As religiões existem e agem publicamente. São muitas e diversas as formas de expressão religiosa e sempre de forma pública ou com finalidade pública. "A dimensão pública da religião está voltando com força ao discurso acadêmico, o que é deplorado por algumas pessoas, saudado por outas e avaliado mais sobriamente por outras ainda". (SINNER, 2011, p. 264). É por isso, que a existência de uma Teologia Pública é uma condição e uma necessidade existenciais. A publicidade da teologia, embora ganhe espaço apenas agora, não é algo novo, faz parte da própria identidade da teologia e a religiosidade, sobretudo, aflora e se expressa em todos os lugares. "O ecletismo, trazido ao Brasil da França (Maine de Biran, Victor Cousin) via Portugal, bem como o positivismo de Comte, se tornaram influentes durante o Império brasileiro independente". (SINNER, 2011, p. 269).

A Teologia Pública, nesse sentido, é a maturidade da teologia e a firmeza dos vínculos entre os fiéis e a Palavra. Tarefa essa ainda distante de nossa realidade. Pois, é facilmente constatado que nós ainda não temos uma cultura bíblica construída, entre os fiéis católicos, pelo pequeno espaço de tempo que o povo tem a Bíblia nas mãos. Embora, seja também verdade que, mesmo outras denominações protestantes tradicionais, como os anglicanos, os presbiterianos e até mesmo os luteranos, também tenham um longo caminho para ser caminhado no que diz respeito à Palavra de Deus.

Chega à maturidade e avizinha-se da velhice a primeira geração de cristãos católicos que têm a Bíblia nas mãos. Nossos pais, via de regra, não tiveram esse direito. Foi o Concílio Vaticano II, encerrado em 1965, que nos fez Igreja da Palavra e nos pôs a Bíblia nas mãos. Éramos até então, Igreja do catecismo e dos manuais. Não bastasse o pouco tempo dessa vivência necessária e gratificante com a Palavra, pesa ainda sobre nós o fato de presenciarmos certo desleixo da Igreja com relação á formação bíblica. O texto do livro dos Atos dos Apóstolos, Capítulo oito, Versículos vinte e seis e seguintes, conta um fato. Apresenta um diálo-go-encontro, proporcionado pelo anjo do Senhor, entre Filipe e o eunuco etíope, auto funcionário da Rainha da Etiópia. O eunuco nos faz uma pergunta fundamental, intrigante e atual. "Como posso entender se ninguém me explica?" (At 8,31). (SANTIAGO, 2022, p. 74).

Perguntar é um jeito de aprender, mas também de ensinar. E ainda é um sinal de sabedoria. Os sábios mais perguntam do que respondem. A Teologia Pública tem como características a ação prática da Teologia Pastoral, pois está inserida na sociedade, um de seus lugares prioritários; tem o olhar teológico e politicamente crítico e a militância da Teologia da Libertação; tem o rigor científico e metodológico da Teologia Sistemática, pois se firma dia após dia nas reflexões acadêmicas, como ciência e como disciplina específica; tem a ousadia e a liberdade denunciadora e anunciadora da profecia; sabe-se carente de uma análise sociológica rigorosa e plural, se propõe comprometida com a ação transformadora da realidade social; tem índole interdisciplinar e transdisciplinar, pois dialoga e quer dialogar com todas as ciências e com todos os segmentos sociais.

O lugar da teologia no contexto acadêmico, sobretudo na sua relação com as ciências humanas e os estudos da religião, demanda uma reflexão acerca de sua própria voz e sobre seu modo de colaborar com a produção de conhecimento qualificado no conjunto da concepção de conhecimento científico contemporâneo desde a emergência de uma racionalidade pública no século XIX. Em perspectiva interdisciplinar, nota-se que a função teológica de explicitar o funcionamento de um determinado discurso ou modelo teológico pode se configurar em efetiva contribuição para outros saberes que se dedicam ao mesmo fenômeno. Por meio de uma análise bibliográfica, acessa-se o pensamento de David Tracy para ajudar a pensar possíveis critérios para a análise de teologias, como proposta de avanço a um procedimento de análise de tradições teológicas particulares. Na tarefa de um método de correlação entre as hermenêuticas críticas das tradições teológicas e da situação contemporânea, evidencia-se o zelo pela explicitação de suas estruturas de plausibilidade, de seus atores e objetos. (ZEFERINO & VILAS BOAS, 2022, p. 1).

Ainda, para trazer mais algumas características da Teologia Pública, ela conhece e reconhece as diversas tradições teológicas e religiosas e busca promover os ensinamentos que se encontram em cada uma delas. Mas, sobretudo, a Teologia Pública estabelece uma relação de reconhecimento e de produção de conhecimento entre as hermenêuticas e as teologias periféricas, o que a mantêm atualizada e inserida nos processos de vida.

O diálogo que a Teologia Pública propõe com as ciências humanas é de fundamental importância para a construção do conhecimento teológico e para o amadurecimento do debate inter-religioso. Há que se considerar e levar-se em conta o pouco tempo que se debate Teologia Pública no Brasil, não obstante, a razoável quantidade de produções de muita qualidade sobre o tema. "No Brasil e na América Latina, o conceito de uma teologia pública está, de modo geral, sendo ainda muito pouco usado, o que faz surgir, invariavelmente, a pergunta sobre o seu significado e, às vezes, um certo mal-estar diante de possíveis abusos". (SINNER, 2011, p. 267). trata-se, portanto, de uma teologia em construção.

3.1 O QUE É TEOLOGIA PÚBLICA?

A Teologia Pública é uma exigência para o cristianismo neste terceiro milênio. Seu idealizador, David Tracy, é um padre católico estadunidense e elege três lugares essenciais nos quais a Teologia Pública acontece. A saber: a Igreja, a Academia e a Sociedade. No Brasil os professores Rudolf von Sinner e Jefferson Zeferino são dois dos seus principais estudiosos, pesquisadores e divulgadores. O Programa de Pós-Graduação e Teologia da Pontifícia Universidade Católica do Paraná – PPGT/PUC-PR –, vem apresentando importantes contribuições para a Teologia Pública.

Aqui nos cabe ressaltar que esta teologia é extremamente importante para a eclesiologia que nasce do Concílio Vaticano II e traz uma contribuição importante para a superação da dicotomia ainda tão presente na Igreja entre a fé e a política. A teologia se esvazia de sua identidade se lhe tiram a dimensão política. O surgimento do conceito de uma Teologia Pública, no entanto, é uma realidade que nas palavras do professor Rudolf von Sinner, se expressa com autoridade, e anterior ao próprio David Tracy.

> O termo "teologia pública" (*public theology*) é, em geral, atribuído a um artigo publicado em 1974 por Martin E. Marty sobre Reinhold Niebuhr (1892-1971), a quem viu como "o principal intérprete do século do comportamento social religioso americano". Niebuhr, que não teria indicado um líder eclesiástico, mas o presidente Abraham Lincoln (1809-1865) como o "maior teólogo da América", teria deixado como legado um "paradigma de teologia pública. A partir dali surgiu nos EUA o discurso sobre teólogos públicos (*public theologians*) e teologia pública (*public theology*), como foi desenvolvido em seguida, do seu respectivo jeito, por católicos, luteranos e reformados. (VON SINNSER, 2011, p. 265-266).

A Teologia é pesquisada numa dimensão política comprometida com as práticas pastorais, cidadãs e dos Direitos Humanos Fundamentais. Busca, propõe e efetivamente se compromete com a libertação, postura que a faz avizinhar-se da Teologia da Libertação, inclusive, aprendendo de suas experiências e atualizando muitas de suas ações. A sua prática é uma prática política a partir da fé. Os grupos de estudos e de pesquisa estão voltados às questões urbanas, sobretudo aos problemas humanos que estão relacionados com a vida nas grandes cidades: a periferização não apenas das cidades, mas sobretudo da vida. neste sentido, podemos falar de uma Teologia Cidadã, ou de uma teologia para a cidadania.

> O grupo temático Cidadania, é composto por textos voltados especificamente às questões da cidadania, como *PASTORAL DA CIDADANIA, TEOLOGIA DA CIDADANIA, DIREITOS CIDADÃOS, CONSTITUIÇÃO*

> *CIDADÃ* e por assuntos correlatos que tematizam as questões ligadas às *CIDADES* e ao *ESPAÇO URBANO*. Com efeito, destacam-se as contribuições de Rudolf von Sinner e Clovis Pinto de Castro, ambos pensando uma teologia da cidadania. O primeiro, já dentro de uma gramática de teologia pública e o segundo em consonância com o debate, mas, como diria C. Caldas (2016, p. 54-55), trata-se de um caso de Teologia Pública *avant la lettre*. Efetivamente, ambos refletem acerca da *res publica* pelo viés da cidadania e sua relação com a teologia. (ZEFERINO, 2020, p. 92-93).

A Teologia Pública nessa perspectiva assume o protagonismo das lutas pelas causas atuais que envolvem a fé e os processos de vida. A Teologia Pública ancora e suporta as Teologias Periféricas, dando lugar e voz às novas hermenêuticas, mas também descentraliza as decisões e o poder. Neste sentido, democratiza as decisões e abre caminho para um dos propósitos do Concílio Vaticano II com a eclesiologia da Igreja Povo de Deus: fazer dos fiéis leigos e leigas, sujeitos eclesiais.

Uma das principais defesas da Teologia Pública é tê-la consolidada como uma disciplina acadêmica. Os cursos de teologia ganharão espaços importantes para o debate teológico com a sociedade e teremos um lugar de encontro dos/as estudantes de teologia com os grupos de pesquisa e com suas proposições e descobertas. A Teologia Pública é, portanto, um novo lugar teológico de vivências e de transformações da própria teologia, mas também e igualmente das pessoas, das comunidades e da sociedade. A Teologia Pública será de grande importância na afirmação dos teólogos e das teólogas como pensadores de uma sociedade humanista e igualitária. São as três dimensões, individual, comunitária e social que, não isoladamente, mas em sintonia e simultaneamente, são transformadas pela Teologia Pública e por sua índole libertadora.

Os diversos grupos de pesquisa, nas mais variadas áreas temáticas e em diferentes lugares sociais, mostram-nos como a Teologia é Pública, é de caráter plural e lida com a diversidade. Conforme ressalta Jefferson Zeferino, "O grupo temático *Temas de Teologia Bíblica* demonstra que a questão do espaço público e outras temáticas que passam pelo termo *teologia pública*, são também tratados por meio da abordagem teológica a partir dos textos sagrados do cristianismo". (ZEFERINO, 2020, p. 97). Neste sentido, existe um aprendizado e uma aproximação com o método de Leitura Popular da Bíblia que, a partir do contexto dos próprios textos, trata a realidade do contexto vivido e que se quer transformar.

A Teologia Pública alimenta-se de todo o aprendizado das tradições religiosas e teológicas; contempla a totalidade da realidade da sociedade e faz-se ponte com as diversas áreas do conhecimento, sobretudo das ciências, para, a partir delas e com elas, com suas linguagens, com seus métodos e objetivos, alcançar a universalidade das alegrias e das tristezas humanas. Partindo-se do pressuposto que é para a teologia que nós fazemos as nossas mais primevas e relevantes perguntas, e ainda a complexidade dos processos de vida, vê-se a importância para a teologia do diálogo com as ciências e com os intelectuais das diversas áreas do conhecimento.

> Com efeito, tudo o que foi apresentado até aqui faz parte das publicações que têm a ver com o termo *teologia pública* ou se colocam em coletâneas e outras

publicações sob essa temática. O grupo *Teologia Pública*, por sua vez, elenca as contribuições que efetivamente colocam *teologia pública* como tema principal de suas abordagens, sendo representado pelas seguintes palavras-chave: *BARTH E TEOLOGIA PÚBLICA; BÍBLIA E TEOLOGIA PÚBLICA; BIOÉTICA E TEOLOGIA PÚBLICA; BONHOEFFER E TEOLOGIA PÚBLICA; CALVINO E TEOLOGIA PÚBLICA; CIDADANIA E TEOLOGIA PÚBLICA; CLÁSSICOS RELIGIOSOS E TEOLOGIA PÚBLICA; DESENVOLVIMENTO E TEOLOGIA PÚBLICA; DISCURSO PÚBLICO DA TEOLOGIA; ECUMENISMO E TEOLOGIA PÚBLICA; EPISTEMOLOGIA E TEOLOGIA PÚBLICA; ESPIRITUALIDADE E TEOLOGIA PÚBLICA; ESTUDOS DA RELIGIÃO E TEOLOGIA PÚBLICA; GÊNERO E TEOLOGIA PÚBLICA; HABERMAS E TEOLOGIA PÚBLICA; HIV/AIDS E TEOLOGIA PÚBLICA; IGREJA(S) E TEOLOGIA PÚBLICA; IRMANDADE MUÇULMANA SÍRIA E TEOLOGIA PÚBLICA; LITERATURA E TEOLOGIA PÚBLICA; MENSALÃO/PETROLÃO E TEOLOGIA PÚBLICA; TEOLOGIA METODISTA/METODISMO E TEOLOGIA PÚBLICA; MODELOS/ PROPOSTAS DE TEOLOGIA PÚBLICA; MOLTMANN E TEOLOGIA PÚBLICA; PASTORAL/PASTORAL PÚBLICA/PASTORAL URBANA E TEOLOGIA PÚBLICA; PLURALISMO RELIGIOSO E TEOLOGIA PÚBLICA; POLÍTICA E TEOLOGIA PÚBLICA; PÓS-COLONIALISMO/DECOLONIALISMO E TEOLOGIA PÚBLICA; PROTESTANTISMO E TEOLOGIA PÚBLICA; PÚBLICO(S) DA TEOLOGIA; RELIGIÃO E TEOLOGIA PÚBLICA; SAÚDE E TEOLOGIA PÚBLICA; TAYLOR E TEOLOGIA PÚBLICA; TEATRO E TEOLOGIA PÚBLICA; TEOLOGIA ECLESIAL/ECLESIÁSTICA E TEOLOGIA PÚBLICA; TEOLOGIA KAIROS E TEOLOGIA PÚBLICA; TEOLOGIA PASTORAL E TEOLOGIA*

PÚBLICA; TEOLOGIA PÚBLICA; TEOLOGIA PÚBLICA DA LIBERTAÇÃO; TEOLOGIA PÚBLICA DO IDOSO; TEOLOGIA PÚBLICA INTERCULTURAL; TEOLOGIA PÚBLICA NO BRASIL/ AMÉRICA LATINA; TILLICH E TEOLOGIA PÚBLICA; TRANSDISCIPLINARIDADE E TEOLOGIA PÚBLICA; TRINDADE E TEOLOGIA PÚBLI-CA. (ZEFERINO, 2020, p. 98-99).*

Aqui vê-se o quão grande é o desafio da Teologia Pública, mas também a sua liberdade e a sua autonomia. A epistemologia da Teologia Pública não cabe nas "gavetinhas" sempre tão rasas das religiões autocentradas. Por isso, a sua origem é do lado de fora dos muros, não apenas eclesiais, mas também acadêmicos. "De certo modo, por meio de uma releitura metodológica e na esteira do pensamento latino-americano de libertação, o caminho aqui proposto segue a lógica *a partir de baixo*". (ZEFERINO, 2020, p. 102). Penso que o professor Zeferino não contestaria se disséssemos, na esteira do pensamento da Teologia da Libertação latino-americana.

É de fundamental importância para a fé cristã, mas de modo especial para a teologia cristã, a consolidação da Teologia Pública como disciplina nos cursos de teologia, mas também uma teologia que escuta as novas perguntas deste novo tempo e contribua para a elaboração de novas respostas para velhas perguntas que ainda têm sentido para a humanidade. Assim, na esteira do professor Jefferson Zeferino,

> Nos últimos dezoito anos muito do que se tem produzido sobre a relação entre teologia e sociedade tem assumido a nomenclatura de teologia pública, sem

> existir, porém, uma conceituação matriz comum entre essas produções. Não é possível designar de forma estática, portanto, o que seria teologia pública. (ZEFERINO, 2020, p. 103).

Esta constitui-se a grande tarefa dos teólogos e das teólogas neste momento histórico: contribuir para a consolidação da identidade da Teologia Pública como o conceito matriz de uma teologia da esperança e da transformação de um mundo em movimento permanente.

3.2 OS LUGARES DA TEOLOGIA PÚBLICA

David Tracy, define os lugares da Teologia Pública e o faz exatamente para dizer que ela é uma teologia livre das doutrinas, sejam elas eclesiais ou acadêmicas. Assim, para o teólogo estadunidense, os lugares da Teologia Pública são: a Igreja, a Academia e a Sociedade. Assim como as teologias confessionais têm o seu lugar na história da fé e à sua maneira ajudam a dar sentido às doutrinas, embora, frequentemente resistentes ou fechadas para outras teologias, a Teologia Pública é essencialmente interdisciplinar. E mais ainda, é multi e transdisciplinar. Aberta às contribuições às produções de outras teologias e das Ciências da Religião. Frente à complexidade dos processos sócio-políticos e dos fenômenos religiosos, não é possível ou se quer aceitável, que alguém ou algo possa alvorar-se a ser dono da verdade.

> Há ainda que se distinguir as teologias normativas, como forma legítima de produção de sentido em suas esferas confessionais, tradicionalmente conhecidas

por doutrina, e no caso católico, conhecida por teologia magisterial e as teologias acadêmicas, que nessa condição são chamadas a interagir com a primazia de significação ética da racionalidade pública (VILLAS BOAS, 2019)1. Certamente, a perspectiva interdisciplinar da Teologia com as Ciências da Religião, sendo ambas até mesmo entendidas como um conjunto constitutivo dos Estudos de Religião corrobora para esse movimento de saída da teologia, para entender a reflexão epistemológica no conjunto das demais áreas de conhecimento superando a tentação de ter razão sozinha, para um movimento de cada vez maior interação para abordar fenômenos cada vez mais complexos, como é o fenômeno religioso e a interpretação que o próprio fenômeno faz de si, como sua parte inerente e coincidente com expressões da teologia confessional. (ZEFERINO & VILAS BOAS, 2022, p. 4).

Os lugares indicados como próprios da Teologia Pública, por David Tracy, corroboram o pensamento dos professores Zeferino e Vilas Boas expresso na citação acima. A Igreja em Saída proposta e defendida pelo Papa Francisco, se faz um caminho a ser caminhado pela eclesiologia moderna e encontra sintonia na Teologia Pública. Porém, antes, ou durante a caminhada, este caminho deve ser feito. Ele ainda não existe de fato. Na mesma linha seguem os professores profetizando sobre a necessidade, inclusive do envolvimento da CAPES, ou seja: do sistema de regulação e coordenação das políticas educacionais de nível superior. Isso mostra e confirma o quão relevante é a discussão teológica e especialmente da importância da Teologia Pública. A própria autonomia conquistada pela teologia como subárea do conhecimento é um passo significativo.

> A complexidade das dinâmicas que envolvem o fenômeno religioso no Brasil exige uma reflexão por parte dos diferentes saberes que se ocupam dos estudos de religião, os quais, antes de serem oposições, podem se complementar em interpretações distintas, mas relacionadas (cf. CAMURÇA, 2011). Esta necessidade se dá pelo compartilhamento da religião como assunto, mas também em virtude da autonomia da área de Ciências da Religião e Teologia na Coordenação de Aperfeiçoamento de Pessoal de Nível Superior (CAPES), conquistada em 2016. A área fazia, antes, parte da Filosofia, como subárea. (ZEFERINO & VILAS BOAS, 2022, p. 5).

Mais do que simplesmente definir os lugares da Teologia Pública, ou simplesmente da teologia, é reconhecer-se a contribuição desta ciência incrivelmente abrangente e essencial no conjunto de conhecimentos necessários a qualquer área. Afinal, grosso modo, todo mundo confessa alguma forma de fé e deseja compreender o melhor possível esta fé para vivê-la cada vez melhor. A teologia se relaciona e busca se relacionar com os diversos saberes, por isso, ela deve estar aberta para diferentes formas de pensamentos.

Assim, por isso mesmo, dizem os professores, "Para colocar em curso tal tarefa, faz parte a compreensão das condições de possibilidade de construção do conhecimento em cada contexto". (ZEFERINO, & VILAS BOAS, 2022, p. 6). A Teologia Pública é exatamente esse esforço de agir a partir do contexto de uma sociedade plural, onde a diversidade se impõe como uma exigência vital. A propósito, é de fundamental importância que o conceito de liturgia deve ser melhor conhecido e praticado. "Vejamos se não temos abertura até no Catecismo para vivermos uma liturgia participativa, "A palavra "liturgia" significa originalmente "obra pública", "serviço da parte do povo e em favor do povo". (SANTIAGO, 2022, p. 110). A liturgia a partir de seu significado, dialoga com a Teologia Pública e pede uma publicidade teológica.

> A celebração litúrgica, no entanto, pressupõe uma evangelização anterior que prepare a terra para a semente. Sem uma evangelização, adequada, sobretudo sem uma catequese sistemática, com catequistas preparados e iniciados na teologia, a Palavra é jogada em terra seca, entre os espinhos e pode não se tornar semente, mas apenas grãos que alimentam os passarinhos. (Ver Mc 4,1-20). (SANTIAGO, 2022, p. 111).

Em certa medida e a partir dos argumentos apresentados até aqui e com os argumentos dos autores e pesquisadores citados, o lugar da Teologia Pública é em todos os lugares onde a vida pulsa. A forma ousadamente didática e inteligente de David Tracy nominar os seus lugares como a Igreja, a Academia e a Sociedade, é para dizer isso: a vida, a sociedade e o mundo precisam de teologia. E não apenas de uma teologia que se diga a melhor tampouco a única, mas uma teologia que saiba dialogar com os fenômenos de uma civilização altamente tecnológica, fortemente digitalizada e que estar permanentemente *online*.

A Teologia Pública, como a vemos, não é nem mesmo uma novidade, ou uma invenção deste século, mas uma atualização da Teologia do Êxodo, feita das e nas marchas, feita de estradas, de desertos e em acampamentos. Uma teologia exílica e que sabe ouvir os exilados e tem o que lhes dizer. As multidões que marcham pelos mares e pelas estradas do mundo não fazem turismo, mas fogem de flagelos: guerras, fome, perseguição política e ou religiosa, e não lhes servem uma teologia de altar, de sacristia, ou confinada em qualquer outro lugar cercado de quaisquer tipos de muros. A teologia, vista através das lentes de David Tracy, é religiosamente plural, acolhe as diversas interpretações religiosas e intelectuais e as promove, dando-lhes lentes de alcance multifocal para acolher as novas hermenêuticas, tenham elas uma linguagem sagrada ou não. Falem elas de Deus ou de deuses. O essencial é contribuir para que se veja mais e melhor os fenômenos que se querem revelar para a humanidade, onde quer que seja.

Em verbete escrito por Tracy para a *Encyclopedia of Religion* (TRACY, [1987] 2005), o autor defende que enquanto disciplina que integra os estudos de religião, uma teologia contemporânea, independentemente de sua tradição, deverá ser uma teologia comparativa, assumindo o pluralismo religioso desde o início também para a apreciação crítica de qualquer autocompreensão teológica. Mesmo que o termo não seja unânime, Tracy defende a validade do uso da teologia para indicar interpretações intelectuais de qualquer tradição religiosa, mesmo quando não se está tratando de uma tradição religiosa teísta. Parte-se da percepção de que uma noção ampliada do próprio termo *teologia*, como reflexão sobre Deus ou deuses, pode ser útil uma vez que a grande maioria das religiões possuem reflexões mais estritamente intelectualizadas de suas autocompreensões. Entre as questões que uma teologia comparativa levanta estão: o modo como uma religião se dedica à condição humana (como a questão do sofrimento) (i); o caminho de transformação que essa religião oferece, sua compreensão de salvação,

> libertação, iluminação, e como isso se relaciona com as propostas de outras religiões (ii); a compreensão que esta tradição possui de uma realidade última e como ela se relaciona com as compreensões de outras tradições, podendo ser noções como sagrado, vazio, divino, Deus, deuses, natureza (iii). (ZEFERINO & VILAS BOAS, 2022, p. 15).

Os cursos universitários de teologia ganham dimensões transformadoras tendo em suas grades os conceitos, a mentalidade e o comprometimento da Teologia Pública com a reflexão encarnada na concretude da vida. Mesmo as tradições religiosas que são escolas de formação de muitas gerações, devem buscar atualizar seus discursos e sua teologia, atualizando assim sua hermenêutica. Diga-se que diretamente, devem atualizar seus teólogos e suas teólogas. "A pessoa teóloga, aqui, deve ter em mente que nem sempre essas tradições religiosas conseguiram dar respostas adequadas às questões levantadas pela situação contemporânea. E que mesmo a percepção das demandas atuais pode acontecer de modo diverso". (ZEFERINO & VILAS BOAS, 2022, p. 327-328). A pessoa teóloga, usando a formulação de nossos pesquisadores citados acima, é e deve ser necessariamente um ser capaz de autocrítica e de olhar criticamente para a realidade.

> Nesse contexto, os estudos em teologia pública no Brasil têm se notabilizado pela preocupação com a cidadania acadêmica da teologia e consequente necessidade de uma linguagem apropriada a tal público (i); e pelo estudo das relações entre teologia e espaço público (ii) (ZEFERINO, 2018b; 2020a; 2020b; JACOBSEN, 2011; SINNER, 2012; 2021). Dirk Smit (2013), de modo mais

> detalhado e a partir do contexto sul-africano, entende que teologias públicas têm lidado, sobretudo, com seis diferentes temas: O lugar e papel da religião na vida pública (i); O impacto da razão pública concernente à academia, a sociedade e a igreja (ii); A questão das teologias contextuais (iii); A correlação entre lutas sociais e movimentos sociais com a teologia (iv); O papel das religiões e da teologia em debates públicos sobre questões como gênero e ecologia (v); O ambíguo retorno da religião que pode ser visto em um crescente interesse em espiritualidade, mas também na efervescência de fundamentalismos e extremismos religiosos (vi). (ZEFERINO & VILAS BOAS, 2022, p. 3).

Os pesquisadores Zeferino e Vilas Boas, têm relevantes pesquisas sobre a Teologia Pública e trazem excelentes contribuições para os estudos teológicos e para as eclesiologias contemporâneas. Sobretudo, a partir da dimensão cidadão e de uma educação que forma cidadãos e cidadãs para a cidadania, a Teologia Pública se faz lugar de libertação. O lugar e o papel da religião na vida das pessoas são relevantes e ainda mais na vida pública de uma forma geral, à medida que as democracias vão se consolidando e que os Estados democráticos também têm o seu lugar reconhecido.

3.3 TEOLOGIA PÚBLICA COMO DISCIPLINA ACADÊMICA

A ideia de ter-se a Teologia Pública como disciplina acadêmica é uma questão central e extremamente importante para que ela cumpra o seu papel como uma teologia libertadora. São os cursos superiores de teologia que dão as condições necessárias para que se discuta com profundidade e, sobretudo com a criticidade necessária as questões da fé, da espiritualidade e da vida religiosa. Mas também e igualmente da vida em todas as suas dimensões. A teologia tem sempre uma palavra a dizer em todas as áreas do conhecimento e todas as fases da vida.

A importância da formação de teólogos e teólogas que contribuirão grandemente com a atualização teológica das Igrejas e de suas hermenêuticas. As novas hermenêuticas tão importantes para se interpretar as realidades de uma sociedade plural, com a abrangência necessária, se dão a priori, nos cursos de teologia. São exatamente as novas hermenêuticas, que brotam das novas realidades sociais, que provocam a teologia e a fazem buscar novas e necessárias interpretações. A formação de novos teólogos e, sobretudo de novas teólogas, é um ponto de encontro das perguntas com as respostas e dos anseios humanos. Diga-se que, ao mesmo tempo, essa afirmação vale também para a ciência da religião, conforme afirma Rudolf von Sinner,

> (...) No mundo anglo-saxão e, mais recentemente, na Alemanha procura-se fazer uma ponte entre as duas mediante a chamada "teologia comparativa" (*comparative theology*). No Brasil, importa constatar que, ainda que teologia seja, via de regra, identificada com determinada confissão religiosa, ela não se restringe a esta, mas procura construir pontes com outras confissões, religiões e ciências, bem como a sociedade mais ampla. É precisamente nesta interlocução que uma teologia pública tem seu lugar, atendendo, do seu modo específico, aos públicos da academia, da Igreja e da sociedade. É por isso que pode ser, devidamente,

uma faculdade ou um curso de teologia e não apenas um seminário para formação de clérigos. (SINNER, 2011, p. 270-271).

O professor Rudolf von Sinner, é um pesquisador destacado no assunto da Teologia Pública e tem vasta contribuição através de artigos científicos, capítulos de livros e livros inteiros; e participação em seminários e congressos nacionais e internacionais. É uma autoridade no assunto e com trânsito na Europa e nos Estados Unidos, além de grande atuação ecumênica. É a partir desta autoridade e de sua atuação acadêmica que defende a Teologia Pública como disciplina na academia. A defesa da Teologia Pública e a proposta de tê-la como disciplina acadêmica é, inclusive, uma questão de fé, para o professor Sinner. Lembremo-nos que a fé é uma exigência para o ato de se fazer teologia. conforme Cesar Kuzma, "É certo que para a teologia a fé é fundamental. Ela é o primeiro ponto para qualquer reflexão teológica que se queira fazer. Ela "é o *primum*, a *archée* estrutural e estruturante"". (KUZMA, 2011, p. 232). A Teologia Pública está incluída e contemplada no pensamento do professor Cesar Kuzma. A atualização da teologia está diretamente relacionada com as perspectivas aqui levantadas com relação à Teologia Pública.

> Os temas mais latentes que envolvem a fé, a sociedade, o espaço público e por tudo isso, a Teologia Pública, estão postos à margem das discussões centrais e fazem parte do que chamamos de teologias e hermenêuticas periféricas. As perseguições, os preconceitos e estigmatizações e acontecem entre as religiões e entre as nações, sempre em espaço público. Vejamos, por exemplo, as perseguições contra o cristianismo

africano. Perseguido por quem? No terceiro século eram os romanos, no sétimo século os árabes, no século dezenove os poderes coloniais. Agora são os jihadistas do Sudão, Nigéria e Somália, e por toda a fita equatorial do conflito centro-africano. Os cristãos emergiram primeiro como testemunhas públicas, não como defensores das conquistas árabes e romanas, mas como sofredores dessas conquistas. Mesmo naquele tempo viviam a partir de tradições profundamente enraizadas no passado de sacrifício hebraico-cristão, martírio e perseguição. Esses temas profundamente proto-cristãos e africanos tiveram grande poder na história pré-cristã que preparou a África para as confissões cristãs. (ODEN, 2022, p. 109).

Essa é uma chave de leitura importante para introduzir a Teologia Pública como disciplina acadêmica. É, também a confirmação da presença e da identidade pública da religião, da espiritualidade, da liturgia e da teologia. o Dr. Thomas Oden, ainda corrobora nossa tese das teologias e das hermenêuticas periféricas e sua importância na interpretação da vida. É no espaço público que elas vivem, se expressam e acontecem. Através de pregações, sim, mas também de monumentos, templos, romarias, marchas e outras celebrações. A questão é entendermos todas as manifestações da vida, como expressões de fé, de cunho tanto espiritual quanto político e cultural.

A questão é, da mesma forma, percebermos que a totalidade das manifestações do sagrado, não cabem em uma ou apenas algumas formas de fazê-las. Tampouco, cabem em espaços fechados e por vezes restritos dos templos, das igrejas, dos rituais ou dos ritualismos. Transcendem não apenas as que já existem e as que já conhecemos, mas, inclusive, as que ainda existirão. A Teologia Pública, abre, exatamente, as portas da vida pública para desvelar a pluralidade e a pujança da expressão da teologia como uma ciência perguntadeira e dialogante.

A vida na sociedade das mídias digitais, da internet e das relações virtuais, das transações financeiras e, por isso mesmo, da necessidade de respostas rápidas e seguras, pede-nos, precisa e exige de nós uma Teologia Pública. Que saiba trocar as lentes para identificar, contemplar e reconhecer as diversidades de expressão da vida através de seus processos. Uma teologia que seja capaz de entender que na vida e na natureza, desde a criação, ser diferente é o normal. Por isso, a Teologia Pública não se permite algemar pelas correntes tantas vezes moralistas do certo e do errado. Antes, abre-se e acolhe as diferenças, sejam elas culturais, estéticas, políticas, étnicas, ou qualquer outra diferença. Inclusive as diferenças provocadas e criadas pelas mudanças temporais, pelas descobertas das ciências e pelas novas hermenêuticas.

Uma das tarefas urgentes posta à fé cristã, é reconhecer as espiritualidades periféricas, que suscitam novas e igualmente periféricas, para não dizer, marginais, teologias e hermenêuticas. São elas que dão colo e ombro a quem não se vê e não se sente visto e reconhecido nas igrejas, nas religiões, nas liturgias e nem mesmo na bíblia. De modo especial, não se sentem representadas no cânon e nas doutrinas.

> Alguns teólogos defendem um cânon escrito ampliado, argumentando que precisamos reconhecer as limitações do cânon. Eles mostram que muitas pessoas não se reconhecem retratadas na Bíblia, ou que são apenas

uma forma negativa (como pessoas estrangeiras, silenciadas ou escravizadas). Por isso, outras histórias precisam ser lidas ao lado da Bíblia para restabelecer o equilíbrio. (HOLGATE & STARR, 2023, p. 62).

Temos aqui uma excelente oportunidade de refletir sobre a fé cristã, sobre a Igreja e sobre a Palavra de Deus, vistas na perspectiva de quem não se sente visto e reconhecido por elas. Certamente a teologia que se pratica também não as reconhece. É papel e missão dos teólogos e das teologias suscitar novas hermenêuticas que que contemplem e incluam a diversidade de vida e de jeitos de vivê-las. Por isso, a Teologia Pública expressa e interpreta as metáforas como formas sublimes de comunicar o sagrado, através da linguagem poética e da criatividade fértil dos poetas e da poesia.

As metáforas como são construídas em uma teoria da tensão permanecem acontecimentos pontuais do discurso. Apesar de sua nova afiliação com as frases antes do que com as palavras isoladas – ou antes devido a ela – ficam sempre ligadas ao uso das palavras em uma frase, por conseguinte, segundo uma estratégia específica que encontra seu ponto de partida na polissemia das palavras. Metáforas tensionais fazem sentido no nível da frase, porque "torcem" o sentido das palavras. Insisto nesse ponto para alertar contra uma transposição apresada de uma teoria tensional da metáfora para o discurso parabólico. (RICOEUR, 2006, p. 182).

É preciso encontrar e reconhecer o sentido e o valor das metáforas para a interpretação dos fenômenos da vida, sem metaforizar a vida e suas situações limites como a fome, a violência e a exclusão. Por outro lado, a teologia precisa contar com a expressividade comunicativa da parábola, com sua simbologia sempre grávida de significados e carente de interpretações sempre novas. E quando falamos sobre textos é necessário manter-se a relação, a proximidade e a identidade do texto com o seu contexto. É muito importante, é até mesmo vital para a atualização da mensagem do texto, fazer-se uma ponte segura entre a realidade que deu vida ao texto e a realidade de quem ler e estuda o texto. "Nossa realidade social molda nossa seleção de passagens para estudo, as questões que trazemos ao texto e a interpretação que lhe damos". (HOLGSTE & STAR, 2023, p. 189). Neste sentido, a metáfora como alegoria, como recurso de comunicação simbólica, tem um que de poesia, fala para além do que dizem as simples palavras. Transcende até mesmo as questões temporais e geográficas. Por isso, faz parte da linguagem de Teologia Pública e lhe é muito cara.

Os textos, sobretudo os textos bíblicos, trazem personagens e cenários e inclusive temas e assuntos que, cuja compreensão, se torna impossível de ser feita sem o uso dos mais atualizados e bem elaborados recursos hermenêuticos. Questões como a presença e mais que isso, o protagonismo das mulheres na Bíblia, por exemplo, exige do hermeneuta todas as habilidades possíveis.

> É interessante verificar a maneira como os intérpretes bíblicos pós-coloniais utilizam instrumentos exegéticos ocidentais, tanto histórico-críticos quanto literários, contra as próprias tradições culturais em que foram criados. Kwork observa que "as mulheres

> oprimidas transformaram a Bíblia, um produto introduzido pelos funcionários, missionários e educadores coloniais, em lugar de contestação e resistência em prol de sua própria emancipação" (Kwork 2006, p. 77-78). Assim a abordagem questiona tanto a supremacia cultural ocidental quanto a supremacia cultural da própria Bíblia. (HOLGATE & STARR, 2023, p. 208).

O exemplo trazido por Holgate e Starr, sobre as mulheres é de grande valia para este texto e para sua linha de interpretação. A hermenêutica tem grande importância para a teologia e para a compreensão teológica das mensagens dos textos e de suas personagens. As dimensões exegética, histórica e literária, estão presentes e são necessárias nas reflexões teológicas, mas também e igualmente nas suas práticas. A teologia não se sustenta e nem se justifica como uma ciência fincada apenas na dimensão teórica e de pesquisa quantitativa. Aqui também temos a confirmação da relação simbiótica entre hermenêutica, Eclesiologia e Teologia Pública. Esse tema será tratado com a devida profundidade no capítulo quatro.

3.4 TEOLOGIA PÚBLICA E LIBERTAÇÃO

A teologia exerce o papel de inteligência da ação pastoral na Igreja e no mundo. Imaginemos hipoteticamente uma ação praticada pela Igreja sem a presença da teologia ou sem uma teologia que a identifique e a impulsione! Corremos o risco, nesta situação, de ficarmos apenas no nível do ativismo. E, da mesma forma, imaginemos uma teologia que não se realiza em uma ação pastoral concreta! Aqui, corre-se o risco de reduzir-se a um deleite pretensamente intelectual. E logo que se iniciam os estudos sobre pastoral ou de teologia pastoral, descobre-se quão libertadora é a dimensão da pastoralidade. Uma das ideias geradoras que dão sustentação às ideias que dão vida a este livro é do teólogo pastoralista Jesuíta, João Batista Libanio. Assim define a relação entre a Igreja, a pastoral e o mundo, o professor Libanio, ao responder à pergunta que ele mesmo fizera: o que é pastoral?

> Pastoral é o agir da Igreja no mundo. Definição clara. Num primeiro momento parece que já disse tudo. Os três termos fundamentais excelem em nitidez conceitual. Igreja – agir – mundo. Entretanto, parando um pouquinho, pergunto-me: mas que Igreja? Que tipo de agir? E que mundo? Nesse momento, a minha clareza inicial esvanece. Frequentemente diversas realidades, até antagônicas, escondem-se sob o mesmo sinal vocálico. (LIBANIO, 1982, p. 11).

O professor Libanio nos traz a sua pedagogia da pergunta na qual cada resposta traz em si o germinar de outras perguntas. Assim é a teologia, assim deve ser o fazer teológico, assim age a ciência e sobretudo a hermenêutica. Lembremos da definição anterior do hermeneuta que trouxemos no item 2.4, feita por Coviello, como sendo um cavador. Aquele que, semelhante ao arqueólogo, cava, cava até encontrar o que busca. Pois bem, a ferramenta de escavar aqui é a pergunta. Seja para teólogos, hermeneutas ou outros cientistas.

Acontece que nós vivemos em tempos de fragmentações significativas do viver. Seja na política, na economia e na fé, mas de modo muito presente nas ciências. Fragmenta-se cada vez mais e em pedaços cada vez menores os conhecimentos e as especializações, de modo que a teologia, como uma ciência abrangente e plural, por natureza e necessidade, destoa desta prática acadêmica, embora contribua grandemente com a academia. A teologia contribui dizendo que, embora cada ciência ou mesmo cada sociedade tenha a sua própria verdade, todas as verdades devem se submeter à verdade maior que por sua vez não cabe nas margens estreitas das instituições e das ciências. Na linha do teólogo Jung Mo Sung que, em sua tese doutoral diz,

> Esta separação da ciência da ética divide o mundo em dois. "Dois mundos e duas verdades". O domínio físico social ficou desligado da ordem metafísica e transcendental. Está superada definitivamente a sociedade tradicional. Agora a teologia fala das realidades celestes, e é aceita socialmente como "uma racionalização intelectual da inspiração religiosa", restrita ao campo privado. Foi criada, assim, uma armadilha para a teologia e a Igreja: com a divisão em dois mundos, a teologia e a Igreja podem reinar sem concorrentes sérios no "reino da ética e da justiça" ou no reino da vida mística, na esfera privada. Só que perdem a relevância histórica no campo público. (MO SUNG, 2008, p. 162).

A relação entre a Teologia Pública e a libertação, em diversas dimensões, a começar pela libertação da própria teologia, mas sempre buscando a libertação humana, é uma relação do tipo ganha, ganha. Porque a própria relação entre a fé e a ciência não pode ser de competição, mas de colaboração. Cada uma é essencial em seu campo de alcance e cada uma contribui com a promoção do alcance da outra ao exercer com humildade e competência a sua função social. Muitas variáveis e condições aproximam a ciência e a fé. Por exemplo, nenhuma das duas pode se dizer neutra, ou agir a partir de uma pretensa neutralidade, sobretudo ética. Ambas devem ter como princípio fundante a defesa da vida. Na hermenêutica bíblica isso significa libertação. O teólogo sul-coreano, acima citado nos brinda com a formulação das bases que sustentam a relação necessária e vital existente entre a teologia e a vida pública. Entre a teologia e a libertação.

> O livro de Fukuyama é, no fundo, uma proclamação da boa-nova da chegada da Terra Prometida: a democracia liberal realiza historicamente o que o cristianismo, como a última grande ideologia dos escravos, propunha para o Reino dos Céus, após a morte: dignidade e liberdade universal para todos, indistintamente. Segundo ele, ""as boas novas chegaram". As ditaduras da direita militar e da esquerda comunista mostraram a sua fraqueza e o mercado livre está disseminado pelo mundo, "conseguindo produzir níveis sem precedentes de prosperidade material". Ele alerta que "uma exposição econômica da história nos leva aos portões da Terra Prometida da democracia liberal, mas não nos deixam do outro lado desses portões"; é preciso compreender também a dimensão timótica – o desejo de ser reconhecido – dos seres humanos. Desejo esse que é o elo "entre a economia liberal e a política liberal". Na conjugação da economia liberal e da política liberal se dá a conquista da Terra Prometida. (MO SUNG, 2008, p. 167).

A pergunta fundamental que se impõe aqui é: de que libertação se está falando? Pois bem: a Teologia Pública traz excelentes contribuições para ajudar a responder esta pergunta. Mas, seguindo os ensinamentos dos mestres que contribuíram de maneira notável com a história da Igreja, da teologia e da fé, inclusive, o professor Libanio, citado acima, a Teologia Pública nos faz e nos convida a fazermos novas e renovadas perguntas. Mas, sobretudo, não cometer duas atitudes prejudiciais ao processo de libertação: primeiro, não dar respostas velhas às novas perguntas; segundo, não responder a perguntas que não são feitas. Libertar a teologia das doutrinas eclesiásticas e das paredes normativas por vezes excludentes e até esterilizantes da academia é um ponto de partida.

Jung Mo Sung fala-nos sobre a separação da ciência da ética que divide o mundo em dois. Aqui, faz-se necessário parafraseá-lo dizendo que não podemos separar a teologia da ética cristã. Antes, devemos teologizar promovendo a ética cristã e construindo pontes que unem as partes de um mesmo e único mundo. Sem negarmos que este mundo é feito de diversidades, mas que é único na sua pluralidade. Em outras palavras, libertar-nos de possíveis fundamentalismos e sobretudo de sectarismos, sempre tão comprometedores da libertação. O que significam essas afirmações? Em breves palavras, significa que a teologia é uma ciência abrangente que se firma e se faz a partir das dimensões econômica, política e cultural, como mostra tão bem Jung Mo Sung, baseado no pensamento de Fukuyama.

A Teologia Pública, por fim, liberta a teologia da dicotomia ou da falsa dicotomia entre o céu e a terra, entre a vida terrena e a vida celeste. A teologia por ser antropológica por natureza, liberta e deve libertar o ser humano de suas principais tentações e assimetrias. A busca do ser humano pelo seu transcendente exige uma visão de totalidade humana incluindo as dimensões materiais, espirituais, psicológicas e subjetivas. Assim, a superação das fragmentações, dos dualismos e sobretudo do dualismo que separa e até propõe oposição entre o corpo e a alma. Aqui falamos de um olhar realisticamente otimista da realidade maior, incluindo as realidades terrestre e celestial.

> Esta pastoral moderna de inserção no mundo tentou reagir contra a perspectiva de renúncia, de ascese, de sacrifício da tradicional, por meio de crescente valorização das realidades terrestres. Penetra-a por dentro um sopro de vida que lhe insufla o pensamento teilhardiano. A visão dualista tradicional, em que o mundo da matéria se distanciava do espírito, ou se lhe opunha, deixa-se superar por senso cósmico, "pela maravilhosa e libertadora harmonia entre uma religião de tipo crístico e uma evolução do tipo convergente". "Nalgum lugar", insiste Teilhard, "deve encontrar-se um ponto, onde Cristo e a terra aparecem situados de tal modo um em relação ao outro que não possuirei um sem me fundir com o outro; ser absolutamente cristão somente à força de ser desesperadamente humano". Portanto, uma pastoral de imersão no humano identifica-se com a cristificação. Teologia é antropologia, repetia K. Rahner. (LIBANIO, 1982, p. 77-78).

Temos aí uma identidade da teologia. Em primeiro lugar a dimensão pastoral. Em segundo lugar a importância da visão desdicotomizada do mundo em suas duas grandes dimensões: terrena e celeste. Inclusive podemos dizer que a teologia carece de uma teologia da terra.

3.5 TEOLOGIA PÚBLICA, ECUMENISMO E DIÁLOGO INTER-RELIGIOSO

A Teologia Pública é plural e aberta à pluralidade. Uma de suas características mais marcantes e que a faz tão essencial, é exatamente o ecumenismo. A paz, o diálogo e a comunhão entre as igrejas cristãs, são um imperativo ético cristão. A própria cronologia dos fatos mais marcantes e decisivos para a história do ecumenismo na Igreja no Brasil, corrobora essa afirmação. O Concílio Ecumênico Vaticano II, desde os seus primeiros suspiros e das primeiras manifestações em torno de seu possível acontecimento, compõe um itinerário, cujas pegadas marcam a teologia cristã e como um espinho cutuca os calcanhares das lideranças cristãs.

> Em 25 de dezembro de 1961, João XXIII convocou o XXI Concílio Ecumênico da Igreja Católica, o Vaticano II. Inaugurado em 11 de outubro de 1962, o Concílio terminou em 8 de dezembro de 1965. Com a morte de João XXIII, em 3 de junho de 1963, seu sucessor, Paulo VI, deu continuidade aos trabalhos conciliares, até seu encerramento. A intenção de João XXIII era tornar a Igreja mais acessível e aberta aos problemas do mundo, mais cristã e menos jurídica, mais próximas dos anseios e dos sofrimentos humanos, capaz de sustentar com a sociedade um diálogo evangelizador. Deveria o Concílio colocar a Igreja em condições de dialogar com a sociedade moderna, superando atitudes de negação e medo da modernidade. (LORO, 2007, p. 236).

O diálogo é uma exigência existencial na sociedade moderna e na perspectiva da Igreja e da fé, o diálogo entre as Igrejas impõe-se por força do Evangelho. A dimensão pastoral aflora e se impõe com a força renovadora e profética do Concílio. Porque, nas palavras de Pedro Carlos Cipolini, "O principal objetivo do Concílio Vaticano II consistiu em renovar a Igreja, para convertê-la em um instrumento pastoral mais eficaz no mundo contemporâneo, sendo que podemos denominar a Lumen gentium carta magna desse Concílio". (CIPOLINI, 2007, p. 75). Embora ainda invisível e inominada, a Teologia Pública em tese, já existe e age fortemente por detrás das inciativas e dos objetivos do Concílio Vaticano II. A prova são as relações plurais desde a mobilização até as discussões e das proposições sempre guiadas pelo objetivo deixado explícito por João XXIII ao convocá-lo.

A Teologia Pública, portanto, é uma teologia ecumênica e libertadora. Acontece que o ecumenismo já é, por si só, uma prática tão ousada quanto necessária cristãmente. Falar sobre cristianismo, a partir da Teologia Pública, é o mesmo que falar sobre ecumenismo, embora, nas práticas eclesiais das igrejas, não seja assim que acontece. Inclusive, talvez por causa, entre outras, da força do denominacionalismo, este seja um dos mais urgentes desafios a ser enfrentado pelas igrejas cristãs. Distante do ecumenismo o cristianismo desfigura-se em sua alma: a comunhão. E a comunhão entre as Igrejas cristãs, além de identitário, exige democracia nas decisões, horizontalidade nas relações equidade nos acessos aos espaços, respeito entre as Igrejas e, sobretudo, nos direitos à palavra e à Palavra. Exige o cumprimento daquela orientação paulina que diz,

> Visto que sois eleitos, santificados, amados por Deus, revesti-vos dos sentimentos de compaixão, benevolência, humildade, doçura, paciência. Suportai-vos

uns aos outros, e se alguém tiver algum motivo de queixa contra o outro, perdoai-vos mutuamente; assim como o Senhor vos perdoou, fazei o mesmo também vós. E, acima de tudo, revesti-vos do amor: é o vínculo perfeito. Reine em vossos corações a paz do Cristo, á qual fostes todos chamados em um só corpo. Vivei na gratidão. Que a palavra de Cristo habite entre vós em toda a sua riqueza: instruí-vos e adverti-vos uns aos outros com plena sabedoria; cantai a Deus, em vossos corações, a vossa gratidão, com salmos, hinos e cânticos inspirados pelo Espírito. Tudo o que podeis dizer ou fazer, fazei-o em nome do Senhor Jesus, dando graças, por ele, a Deus Pai. (Cl 3,12-17).

Estas orientações paulinas, são, na verdade, conselhos sensatos e repletos de sabedoria. São as diretrizes para uma Teologia Pública e para um cristianismo ecumênico. Embora não apenas pareça, mas se configure uma redundância, na prática, ainda precisamos dizer assim, porque os revestimentos propostos pelo apóstolo Paulo, têm força de escudo, têm significado de luz e simbolismo de vida, mas têm igualmente exigências nem sempre seguidas pelas Igrejas cristãs. A compaixão, por exemplo, é constante nas práticas de Jesus de Nazaré, assim como a benevolência e a doçura na acolhida de quem o procurava. Para suportar uns aos outros, estas qualidades são essenciais. E aqui já se define o sentido e a razão de suportar. Diferentemente do que pode nos levar uma hermenêutica equivocada e destorcida, levando-nos para o sentido de aguentar ou tolerar. Suportar é dá e ser suporte quando outro está em crise, frágil ou caído.

Suportar uns aos outros no sentido apresentado acima, define a Igreja e seu trabalho pastoral e exige uma teologia comprometida com a libertação dos oprimidos. Uma Teologia Pública que age e se faz publicamente, a partir de questões públicas reais que afetam a vida das pessoas e de toda a criação. Uma teologia confinada em ambientes fechados, seja por muros, por dogmas ou por doutrinas, não serve para libertar e nem transforma realidades. É preciso revestir a teologia de ousadia profética e de liberdade e coragem, aquelas que acompanhavam Jesus de Nazaré. Uma teologia que caminha, que conhece os desertos e sente o calor das estradas e carrega o rosto molhado de suor e os pés empoeirados. Uma teologia revestida do amor chora com os que choram e que morre para não matar. Talvez esta seja a grande lição deixada no madeiro da cruz pelo Filho unigênito de Deus, e primogênito de Maria e de José.

> Em poucas palavras, a teologia tem sua cidadania ao ocupar importantes espaços de participação social. As teologias se referem a grupos religiosos concretos, aqui chamados genericamente de confessionalidade, onde interagem com universos concretos de fé, adquirem suas habilitações e são investidos de suas atribuições. A presença da teologia na esfera pública, na atual sociedade plural de Estado laico, persiste como relevante e necessária. Mas não pode reproduzir em tudo seus papéis e atribuições exercidas no interno de sua confessionalidade. Ela supõe um estatuto de saber que prepare seus (suas) teólogos (as) para serem uma voz capaz de levar, na sociedade plural, a contribuição construtiva das religiões para o bem da convivência humana e ambiental. (ANJOS, 2011, p. 131).

A teologia que encontramos nominada frequentemente como teologia pé-no-chão, uma Teologia Pública, portanto, sabe que a sua missão não é levar a terra para o céu e, tampouco, trazer o céu para a terra, como frequentemente encontramos sendo anunciado. O Reino de Deus, é feito de justiça, de direito e de vida e vida em abundância e não é promessa futurista ou prêmio de consolo dado no outro mundo ou em outra vida para quem sofreu neste mundo e nesta vida. Esse tipo masoquismo religioso que não cabe mais, aliás, jamais coube, embora já tenha tido o seu lugar numa cristandade que não deixou saudades. "Assumindo explicitamente a filosofia da ciência de Popper, Hayek concluiu a sua conferência retomando o famoso postulado de Popper, de que toda "tentativa de trazer o céu para a terra inevitavelmente produz o inferno"". (MO SUNG, 2008, p. 50). Neste caso, mas em se tratando de teologia vale igualmente em outros tantos casos, a teologia segue aquele conhecido adágio popular: "nem tanto terra, nem tanto mar", neste caso, nem somente a terra, nem somente o céu, mas a construção de um estado de bem-viver que garanta à toda criação, uma vida digna aqui na terra, como sendo a grande vontade dos céus.

A teologia é chamada para contribuir com o desenvolvimento humano, a partir de sua fé e de sua realidade sócio-política-cultural, para desenvolver o mundo e seus processos, sempre em uma direção: a direção da vida em abundância. E vida em abundância não possível ser apenas para alguns. Neste caso, o que tem é vida com abundância, que é totalmente outra vida. E tudo isso porque, os teólogos e as teólogas, têm uma grande responsabilidade na análise da realidade, na realidade conjuntural, na compreensão de suas contradições e na proposição de superação destas contradições. É esperado deles a capacidade analítica e propositiva com assertividade. Embora frequentemente destoe dos pensamentos hegemônicos e até se confronte com eles. As palavras do teólogo Jung Mo Sung nos confirmam essa afirmação,

> Em resumo nós vimos quatro diferentes teorias econômicas de desenvolvimento. A primeira, a teoria das vantagens comparativas, que defende a tese de que o livre comércio internacional, com cada país se especializando na sua "vocação natural" espalharia desenvolvimento e igualdade social pelo mundo afora. A segunda, o desenvolvimentismo cepalino que criticou a teoria das vantagens comparativas e propôs a industrialização, com forte intervenção estatal e investimentos externos, como caminho para superar o subdesenvolvimento. A terceira, a teoria da dependência criticou a ideia do subdesenvolvimento como uma etapa atrasada no processo de desenvolvimento capitalista industrial, numa perspectiva evolucionista. Uma corrente interna propôs a ruptura da dependência para se buscar um desenvolvimento econômico e social autônomo, ao invés de um desenvolvimento dependente. Outra corrente, mais próxima da teoria leninista do "imperialismo como fase superior do capitalismo", propôs a evolução socialista como o único caminho para o crescimento econômico, na medida em que essa corrente não acreditava na possibilidade de nenhum tipo de desenvolvimento dos países periféricos-dependentes dentro do sistema capitalista internacional. Por fim, vimos, rapidamente, a teoria neoliberal do crescimento econômico que propõe sacrifícios necessários e "humildade" para se atingir o progresso. (MO SUNG, 2008, p. 51)

Vejamos que, duas dimensões são constantes na vida e intervém diretamente em seus processos, sejam eles evolutivos ou involutivos. Ambos estão sempre presentes: a dimensão da fé, que diz respeito à teologia e a Igreja; e a dimensão econômica que diz respeito à política e res pública. A teologia precisa contribuir de forma decisiva para as reflexões plurais e que englobem ao máximo da totalidade da realidade que afeta os processos de vida.

Aqui a importância das lentes multifocais da teologia que se permite olhar o mundo, a vida e a sociedade, a partir da fé, mas com as diversas lentes das ciências. E se permite este olhar plural porque reconhece humildemente que precisa dele. Por isso, a teologia se faz uma ciência relevante, essencial e por isso também os cursos superiores de teologia têm grande responsabilidade com a organização de sua grade. Os cursos de teologia cujas grades escutam as outras ciências, dialogam com ela, enquanto, através deste diálogo fértil, como o vale do Nilo, fecunda a mente, a fé e a ação dos teólogos e das teólogas que assumem esta incrível missão de também dialogar com o mundo e com seus processos. E tudo isto se dá na esfera pública.

4 A RELAÇÃO ENTRE HERMENÊUTICA, ECLESIOLOGIA E TEOLOGIA PÚBLICA

Imaginemos hipoteticamente uma relação hierárquica entre estas três dimensões. Pensando a partir da lógica proposta neste estudo, existe uma sequência de originalidade. Primeiro, vem a eclesiologia, que precisa de uma teologia, que, por sua vez, precisa de uma hermenêutica. Em tese, é a Igreja, a instituição religiosa quem faz teologia, no sentido de viver a Palavra, aplicando-a na vida e é a Igreja também quem faz a hermenêutica, quem interpreta a Palavra e ensina seus fiéis a interpretá-la. Assim, conforme já mencionado acima, estamos partindo do pressuposto de uma Igreja profética, comprometida com a libertação do povo; de uma teologia libertária, pública, portanto, e de uma hermenêutica atualizada.

> A tarefa da hermenêutica, definida como a tarefa de apresentar a espécie de "mundo" projetado por um certo tipo de texto, encontraria sua realização nesse nível: na decifração das experiências-limite da vida humana (tanto das experiências extremas de criação e de alegria, como das experiências trágicas chamadas experiências-limite por Karl Jaspers: o sofrimento, a morte, a luta, a culpabilidade). Ao mesmo tempo, a tarefa de ligar a interpretação do texto e a interpretação da vida seria realizada pelo método de clarificação mútua das expressões-limite da linguagem religiosa

e das expressões-limite da vida humana. (RICOEUR, 2006, p. 137-138).

Se olharmos para as realidades e substituirmos as "experiências-limite" de Karl Jaspers, por constantes da vida humana, afinal, estamos em relação constante com situações de sofrimento, de morte e de dor, chegaremos a algo que acontece na dimensão pública da vida. Ainda, perceberemos que são temas correlacionados entre si e muito próximos à vida da Igreja, ao múnus eclesial, e muito caros à interpretação eclesial e que exige uma hermenêutica bíblica rigorosamente feita e bem fundamentada numa teologia encarnada na vida. Recordemos que o que orienta a Igreja na interpretação dos textos sagrados é o cânon. E você deve legitimamente perguntar: o que é o cânon? "A palavra "cânon" se origina de uma palavra grega referente a régua/regra ou padrão para medir". (HOLGATE & STARR, 2023, p. 50). A interpretação da Palavra segue regras e é orientada por critérios bem definidos e aceitos pela comunidade eclesial.

A teologia, embora seja uma ciência antiga, pois as hermenêuticas modernas falam de uma teologia da criação, assim como uma teologia do êxodo, como ciência estudada na academia, de modo especial nos cursos de graduação é muito recente. Poderíamos mesmo dizer que o seu reconhecimento público é recente. "O reconhecimento civil da teologia e o exercício público da atividade de teólogo se entrelaçam a partir da entrada da teologia no espaço público". (DOS ANJOS, 2011, p. 130). Quando falamos em teologia no espaço público referimo-nos à libertação da teologia dos muros denominacionais, dos seminários.

Os processos emancipatórios pelos quais passou a teologia, as religiões e as igrejas, falam muito sobre essa dimensão pública, sobretudo, do lugar de uma Teologia Pública. Na esteira do professor Rudolf von Sinner, "A separação da Igreja e do Estado, ou mais exatamente das religiões e do Estado, é irrevogável e constitui uma condição para a possibilidade de liberdade e pluralidade religiosas" (SINNER, 2011, p. 264). A história recente do Brasil, a partir de suas experiências-limite, nos mostram não apenas que a teologia tem importante espaço de contribuição, mas que ela já demonstrou que é capaz e pode ser protagonista. Mas para isso, a teologia precisa ser profética e assumir o seu lugar de protagonista, resistindo aos regimes de exceção e à violência contida em seus atos. Violência contra a fé, contra as liberdades e contra a vida. Assim relata uma dessas situações, Márcio Fabri dos Anjos,

> Do ponto de vista específico da teologia, entre os vários aspectos de tal presença pode-se destacar em primeiro lugar o inegável volume de produção acadêmica teológica que tem marcado a tradição cristã em nosso meio. Mas também transbordando de seus limites intraeclesiais, em um passado recente da ditadura brasileira (1964-1984), a Teologia da Libertação mostrou a força sociopolítica de uma religião, capaz de cultivar a resistência a processos autoritários, o que tornou o Brasil mundialmente conhecido, para além do futebol e do carnaval. Sua importância foi tão significativa que a projeção política do governo de Ronald Reagan na década de 1980 considerou essa teologia pouco favorável aos interesses norte-americanos na América Latina. E a partir daí se desenvolveram políticas de favorecimento às Igrejas que pudessem compor mais favoravelmente com o capitalismo conquistador vigente. Não cabe aqui analisar o desdobramento de

tais favorecimentos. Basta apenas notar o que esses fatos revelam: a religião, com sua teologia, pode ser o ópio do povo, mas pode ser também pimenta política. Em ambos os casos ela ocupa um significativo espaço social. (DOS ANJOS, 2011, (p. 123-124).

Como herdeira do legado da Teologia da Libertação, ou continuadora de sua prática, a Teologia Pública tem essa mesma força e ação. Parafraseando Márcio Fabri dos Anjos, a Teologia Pública é o tempero que dá o sabor da luta por políticas públicas que garantam a dignidade da vida. Chegamos ao momento da maturidade cristã e da manifestação de seu compromisso com a libertação dos cativos e o anúncio da vida em abundância. Não foi este o motivo do envio e da vinda de Jesus de Nazaré? (Lucas 4,18-19).

O Evangelista Lucas cita este trecho que se encontra no livro do profeta Isaías capítulo 61 versículo 1 que evocava no primeiro livro dos Reis capítulo 19, versículo 16, a consagração de um profeta. Veja-se que toda a mensagem refere-se às atividades públicas. É importante ainda que destaquemos o significado do batismo. O Espírito que está sobre Jesus de Nazaré e que o unge e o envia para anunciar a boa nova aos pobres é aquele mesmo Espírito recebido por nós no batismo. Os cristãos e as cristãs são ungidos ao serem batizados para exercerem a vida pública. A fé cristã, portanto, tem sua centralidade na vida pública e pede uma Teologia Pública.

Quando pairarem dúvidas sobre a vocação pública da fé cristã e da missão dos cristãos e das cristãs, lembremo-nos do programa de Jesus de Nazaré, citado acima e reflitamos juntos o relato registrado também por Lucas, do diálogo entre Jesus e os discípulos de Emaús. (Lucas 24,13-35). Reflitamos e meditemos especialmente, "(...) O que concerne a Jesus de Nazaré, que foi um profeta poderoso em atos e palavras diante de Deus e diante de todo o povo: como os nossos sumos sacerdotes e os nossos chefes o entregaram para ser condenado à morte e o crucificaram" (vv. 19-20). Para os estudantes de teologia, sobretudo, estes versículos nos ajudam a não aceitar o divórcio perigoso e injustificável entre a fé cristã e a política.

4.1 A IMPORTÂNCIA DA INTERPRETAÇÃO PARA IGREJA

A Igreja encontra legitimidade e fundamento para sua prática e presença pública no mundo como continuadora da missão de Jesus de Nazaré. É significativo constatarmos a partir dos Evangelhos, a intensidade da presença de Jesus de Nazaré em eventos públicos. E é exatamente a partir deste ponto que se fazem centrais na missão da Igreja, a teologia que a impulsiona e a hermenêutica que a orienta. Sobretudo, a Igreja deve ser capaz de interpretar à luz das escrituras, os acontecimentos históricos, os fatos do dia a dia e transmiti-los através das culturas e das gerações. E isso deve ser feito a partir das liturgias, das pregações e das pastorais.

A teologia é a inteligência pastoral da Igreja que ilumina seu caminho, suas reflexões e suas atitudes. Afinal, seguindo o pensamento da Conferência de Aparecida, "A Igreja tem como missão própria e específica comunicar a vida de Jesus Cristo a todas as pessoas, anunciando a Palavra, administrando os sacramentos e praticando a caridade". (DAp, nº 386). O exemplo de Jesus de Nazaré, a quem a

Igreja segue e de cuja missão é a continuadora, é de presença no meio do povo pobre, lutando e denunciando quem os faz pobres; é nas estradas e em todos os lugares em que as forças do antireino: a ganância, o egoísmo e a opressão, excluem e geram e alimentam a cultura da morte.

No pensamento de Roney Cozzer, "A cultura de um povo ou mesmo de uma civilização pode ser entendida como um conjunto de hábitos, costumes e tradições que vão sendo preservados de uma geração a outra". (COZZER, 2022, p. 80). É no campo das culturas, que nascem, floreiam e dão frutos as religiões. Por isso, a interpretação acontece inserida no contexto cultural e intergeracional. É, portanto, além de uma obrigação, um desafio permanente para a Igreja interpretar com sabedoria e profecia os sinais de cada tempo. Pensemos e não nos afastemos muito do conjunto de hábitos de Jesus de Nazaré e da cultura que ele quis transmitir aos seus discípulos.

> Faz mesmo sentido estudar a história dos tempos bíblicos para entender determinadas passagens bíblicas? De fato é importante conhecer aspectos da sociedade dos tempos bíblicos para entender a Bíblia? A resposta a estas duas perguntas pode ser resumida num objetivo e contundente "SIM", mas serão consideradas aqui algumas razões que justificam esse tipo de estudo. Diversos aspectos, na verdade, esse esforço. Em primeiro lugar, pode-se mencionar o fato de que a língua reflete aspectos históricos e sociais, por ser também, em grande medida, produto de desdobramentos históricos e sociais. (COZZER, 2022, p. 88).

Para saber deslocar-se na linha por vezes tênue entre fazer como Jesus fez ou fazer como Jesus faria, pois, certamente, muitas das atitudes e dos atos do Nazareno, não seriam feitos do mesmo jeito, dois mil anos depois. As mudanças culturais, civilizacionais e, sobretudo os avanços das ciências, transformaram, em alguns casos revolucionaram os processos de compreensão da vida. Assim, a interpretação na Igreja segue a linha de ajudar a Igreja a fazer aquilo que Jesus faria hoje, como ele faria, atualizando a ação pastoral e não a fazer exatamente o que ele fez. Esta é, inclusive, a principal finalidade e também a maior importância da hermenêutica para Igreja.

Fazer o que Jesus fez, do jeito que ele fez, é, além de um anacronismo crônico, a partir de uma leitura ao pé da letra, ou seja, sem interpretação e sem atualização, aquilo que se chama de rubricismo. E o que é rubricismo? Celso Carias assim o define, "(...) Nada daquele rubricismo no qual tudo precisa ser feito dentro de regras precisas". (CARIAS, 2023, 74). Rubricismo, então, é a obediência cega às regras e as leis sem interpretação ou atualização. Poderíamos dizer, rubricismo é a interpretação fundamentalista da lei ou das Escrituras. A título de exemplificação, o professor Milton Schwantes, ao interpretar o primeiro relato da criação (Gênesis 1,1-2,4a), faz ao seu modo, sabiamente, a seguinte interpretação, de grande valor no combate à idolatria, inclusive atualmente,

> Acrescente-se a esta outra constatação a mais que, por certo, já é bem mais consistente. Ocorre que Gênesis 1 polemiza contra as divindades da luz. Por isso, a primeira obra é a criação da luz. E, por isso, – a que está no centro! – igualmente se situa neste âmbito. Gênesis

1 afirma que sol, lua e estrelas (obras do quarto dia) não passam de criaturas. Não têm nenhuma qualidade divina! A tal ponto são irrelevantes que a luz (obra do primeiro dia) independe deles. Esta maneira de Gênesis 1 se referir à lua e aos astros é eminentemente contextual. Ocorre que na Babilônia as divindades de estado eram estas divindades da luz. Isso mostra que nosso texto foi formulado no contexto babilônico (SCHWANTES, 2007, p. 112-113).

Tenhamos este exemplo como referência e justificativa para a importância de uma hermenêutica que considere e valorize a interpretação de forma lúcida e abrangente. O caminho do cristianismo é para a frente. Sempre para a frente. Quando olhamos para trás, para o passado é para fazer memória e aprender das experiências vividas. A luz da Palavra vem do passado, ilumina o caminho no presente, mas se projeta para o futuro. A hermenêutica que está sendo feita no relato da criação, nos mostra o quão se relacionam e se pertencem o texto e o seu contexto. E isto nos previne contra as idolatrias, contra os fundamentalismos e os determinismos, como forma de distorcer os fatos e comprometer as verdades de fé.

4.1.1 A Igreja como intérprete da Palavra

Como intérprete da Palavra a Igreja precisa ter discernimento, humildade e abertura de mentalidade para aprender com a diversidade de pensamentos e formas de conhecimentos. Sobretudo, abrir os ouvidos para ouvir as variadas vozes e ter uma disciplina militante de estudos, aprendendo com os diferentes autores e culturas. Estas são também importantes atributos dos teólogos e das teólogas, sendo igualmente conteúdos obrigatórios no currículo dos cursos de teologia. São exatamente estas possibilidades e estas características que fazem da teologia uma ciência imprescindível frente aos novos desafios e às novas perguntas que a humanidade faz e se faz.

> Por fim, não deveríamos apenas descobrir e ater-nos aos nossos autores favoritos, mas é também importante considerar comentários escritos a partir de perspectivas diferentes das nossas e com compromissos diferentes. Estes nos ajudam a ver onde estão os nossos pontos cegos ou preconceitos e a ampliar a nossa visão. Os cristãos descobrirão muitas vezes que comentários escritos por estudiosos judeus são muito úteis em seu estudo da Bíblia Hebraica e do Novo Testamento. Bons pontos de partida são: The Jewish Study Bible (2014) e The Annotated New Testament (2011). Um excelente exemplo de diálogo entre estudiosos judeus e cristãos é The Gospel of Luke (2018), escrito em parceria por Amy-Jill Levine e Ben Witherington III, que reconhece, celebra e lida com a diversidade de perspectivas e compromissos que cada autor oferece. (HOLGATE & STARR, 2023, p. 239).

Nessa perspectiva, destacam-se exemplos como o ecumenismo e o diálogo inter-religioso, como formas ampliar os conhecimentos e de crescimento espiritual da Igreja. Na perspectiva cristã, o nosso ponto de partida nesse texto e caminho de longa extensão que caminhamos e precisamos caminhar juntos, Jesus de Nazaré é quem disse: "Eu tenho outras ovelhas que não são deste redil, também a estas é preciso que eu conduza; elas ouvirão a minha voz e haverá um só rebanho e um só pastor". (João 10,16). Estes textos são luzes que guiam as Igrejas cristãs na direção de uma eclesiologia cristológica. A unidade cristã é uma das exigências e também uma urgência que nos convida à conversão ao Evangelho. Na verdade, exige-nos conversão ao Evangelho. Outro texto inspirador para o ecumenismo é, "Eu e o Pai somos um". (João 10,30). Interpretar os textos na perspectiva ecumênica ajuda a nos libertar dos egoísmos e dos proselitismos que nos oprime e nos isola, contrariando a dimensão comunitária tão cara à vida cristã.

4.1.2 As parábolas e a abertura para a leitura dos símbolos

O ecumenismo humaniza as pessoas e as relações entres elas. "A interação entre humanismo e religião exige a relação entre direitos humanos e espiritualidade. A questão central a ser respondida é: como as religiões poderão contribuir para a promoção dos direitos humanos?" (WOLFF, 2016, p. 72). Eis aí outro ponto central e que identifica a espiritualidade cristã. Como uma religião nascida a partir da história de um preso e condenado político, o cristianismo tem como um imperativo a defesa dos Direitos Humanos, sendo esta a sua causa simbólica de representação da vida em abundância. Aliás, conforme já citado no primeiro capítulo, Paul Ricoeur, trata das questões dos símbolos, das metáforas e da linguagem poética, como linguagens superiores e que transcendem o simples alcance das palavras. Agora, dados os passos que nos trouxeram até aqui, podemos avançar, na mesma sintonia com Ricoeur,

> Pregar hoje sobre as parábolas de Jesus parece uma causa perdida. Não já ouvimos essas histórias na escola

dominical? Não são histórias infantis indignas de nossa pretensão ao conhecimento científico, em particular em uma capela universitária? As situações que evocam não são típicas da vida rural, que nossa civilização urbana tornou praticamente incompreensível? E os símbolos que outrora despertavam a imaginação da gente simples, esses símbolos não se tornaram metáforas mortas, tão mortas como o pé da cadeira? Ainda mais: o desgaste dessas imagens, herdeiras da vida agrícola, não é a prova mais convincente da erosão geral dos símbolos cristãos em nossa cultura moderna? (RICOEUR, 2006, p. 226).

Interpretar é, em primeiro lugar, fazer perguntas. As perguntas do filósofo francês nos desacomodam como deve nos desacomodar as perguntas mais pertinentes. O hermeneuta faz perguntas a ele mesmo, mas frequentemente as faz ao texto. Nas respostas por ele dadas às suas próprias perguntas, deve encontrar-se o sentido que ele busca ou pelo menos parte deste sentido. A cultura moderna a que se refere Paul Ricoeur, contempla em si também dizer, novas espiritualidades, novas formas de se viver a fé e consequentemente novas teologias.

Quando falamos sobre abertura de mentalidade para uma dimensão plural de sociedade, o que significa pluralidade religiosa, política e cultural etc., estava e está contida também a pluralidade de interpretação. O texto e o contexto onde ele foi escrito, e ainda mais, o contexto onde ele é lido e se torna realidade presente, trazem variáveis, sobretudo de diferentes hermeneutas que buscam interpretá-lo. E a cada dia, a cada avanço das ciências e das técnicas, bem como do surgimento de novas descobertas, novas e diferentes possibilidades surgem.

Assim, por exemplo, "A primeira coisa que pode impressionar-nos é que as parábolas são narrativas radicalmente profanas". (RICOEUR, 2006, p. 226). Compreender esta realidade trazida por Ricoeur, exige maturidade. É para nos preparar para esta maturidade que a teologia serve. Antes de se dicotomizar a relação sagrado e profano devemos perguntar: sagrado para quem? Profano para quem? Até porque, sempre existe algo de sagrado naquilo que se diz ser profano e vice e versa. Explico-me: teria algo mais profano para o cristianismo que levar uma vaca para dentro da Igreja, durante um culto? E existe algo mais sagrado para uma determinada corrente do hinduísmo que ter esta mesma vaca dentro de um templo hindu? Mantenhamo-nos abertos à diversidade e ao diferente e seremos muito mais humanos e compassivos.

Os símbolos dizem e significam mais do que aquilo que parecem querer nos dizer e significar quando vistos às pressas. A linguagem simbólica transcende os limites de alcance das lentes religiosas, culturais e de um único período. Os símbolos têm o poder de comunicar diferentes realidades e de ressignificar interpretações projetando novas realidades ainda não reveladas. Os símbolos comunicam o que as palavras e por vezes nem as imagens conseguem dizer. Nesse sentido o professor Elias Wolff, afirma, sobre os símbolos religiosos,

> Os símbolos religiosos pertencem a uma comunidade religiosa específica. A religião é um sistema de símbolos, cada uma tem os seus. Por não transmitirem um mero conhecimento, mas uma experiência que se dá numa tradição religiosa concreta, quem não está situado dentro da tradição terá dificuldade para

interpretá-los adequadamente. Daí os conflitos entre as religiões que negam o valor do símbolo de outra religião porque negam, na verdade, a experiência religiosa que ela possibilita fazer. O que determina a verdade de um símbolo é se ele permite expressar o conteúdo da experiência de fé. Por ser o símbolo limitado em sua expressão, a realidade experimentada pode ser representada por vários símbolos. Por isso, nenhuma religião pode reivindicar como verdadeiros apenas seus próprios símbolos. Os símbolos são limitados, mas "a vivência e o compromisso que eles provocam podem ser absolutos". A fé que o outro expressa pelos símbolos da sua religião é para ele uma fé verdadeira. (WOLFF, 2016, p. 148-149).

Os símbolos religiosos pertencem a uma religião, e cada religião tem os seus próprios símbolos, mas transcendem os seus próprios limites. Podemos, inclusive, falar de um sistema de símbolos. Embora fale mais e signifique muito mais dentro do seu próprio terreno, ele não pode ser feito refém e fala também para outras realidades. A partir da própria definição de religião como um sistema de símbolos, podemos imaginar a composição desse sistema. As religiões nascem das culturas, delas se alimentam e delas trazem como herança, os ritos, os mitos, as expressões mais identitárias, como, por exemplo, os símbolos. Para compreendermos por tanto, uma religião necessitamos entender antes, a cultura que lhe deu origem. Os símbolos assim como a linguagem simbólica estão em todas as culturas e antecedem as religiões.

4.2 O LUGAR DA TEOLOGIA NA VIDA IGREJA

A teologia é o estudo do discurso sobre Deus e esse discurso se dá grandemente nas Igrejas e é feito pelas religiões através de seus líderes e de seus fiéis. É muito importante que se pense sobre isso e que se entenda isso, para que, a partir, sobretudo desse entendimento, se conheça e se reconheça o lugar da teologia na vida da Igreja. O lugar da teologia na vida da Igreja define o lugar da Igreja na vida do povo. "Como expressão-símbolo dessa pastoral libertadora numa sociedade conflitiva foi o agir da Igreja de São Bernardo na greve do ABC em 1980, que 200.000 metalúrgicos sustentaram durante 41 longos dias". (LIBANIO, 1982, p. 108). A greve é um símbolo de organização e de resistência e ação pastoral que manteve a greve é um símbolo de solidariedade.

Se a teologia é libertadora a Igreja é libertária e liberta. Neste sentido, é bom que digamos, libertadora aqui, é sinônimo de cristã. E o que define se uma Igreja é cristã é a sua capacidade de lutar do lado certo nos conflitos entre opressores e oprimidos. Assim, segue Libanio, na mesma página, "Greve de reivindicações salariais de política trabalhista. O caráter conflitivo da greve é evidente. Lá estavam empresários e operários, uns diante dos outros. Interesses opostos e antagônicos. A Igreja apoiou a greve, justa nas reivindicações e nos métodos". O relato do teólogo jesuíta parece perfeito para situar o lugar da teologia na Igreja e o lugar da Igreja no mundo e na vida do povo. Isso tem mais a ver com a fé e de como se crer, do que com política, como possa parecer. É a fé orientando os comportamentos e as ações dos crentes. É a fé encarnada na realidade e na vida dos crentes, poderíamos dizer. O professor Elias Wolff, mais uma vez, nos ajuda e nos abre novas perspectivas,

> As religiões têm diferentes compreensões do que é fé, sua natureza e objeto. Essas compreensões são explicitadas em doutrinas e ritos que dão identidade a uma comunidade religiosa. As doutrinas e os ritos têm o seu valor enquanto buscam orientar a vivência da fé do crente, mas não são a fé. Crer não é aceitar uma doutrina, embora implique isso. Crer é acolher em si a realidade maior que a doutrina procura explicitar. A doutrina tem o seu valor enquanto formula o conteúdo da fé. Mas a doutrina nunca consegue abarcar todo o significado do objeto da fé nem mesmo do ato de fé vivido pelo crente. Por isso, na experiência mística profunda, as diferenças na explicitação da fé não são o que mais contam. Conta de fato a experiência de relação com Deus, isto é o que caracteriza e determina o que é a fé para além da doutrina sobre a fé: "Possuir a fé não significa ter em mente os dogmas e os segredos, mas viver na própria singularidade irredutível a relação direta com Deus". (WOLFF, 2016, p. 135-136).

A fé que move os montes (Marcos 11,23), que liberta os cativos (Lucas 4,18), não cabe nas doutrinas e não se deixa fazer refém dos medos que geralmente são impostos por estas doutrinas. Dentro das diferentes compreensões de fé que existem nas diferentes religiões, como afirma o professor Elias Wolff, habita a fé endógena que fala e age para dentro de si mesma. Esta, por sua vez, é uma fé egoísta, desfigurada na sua forma e profeticamente anêmica. Mas também habita a fé exógena tão bem representada na citação do professor João Batista Libanio logo acima.

A fé que enfrenta os medos e os vence. É oportuno lembrar aqui uma expressão Jesuânica muito repetida por ele nos Evangelhos: "Não tenham medo!", literalmente ou em formas equivalentes. (Mateus 10,28; Marcos 6,50; Lucas 12,7). Os cursos de teologia têm muitos objetivos e são muito importantes exatamente no sentido de encorajamento e de enfrentamento dos medos. Por isso, a vida dos teólogos e das teólogas é uma vida de estudos concentrados e de longas caminhadas em estradas nem sempre pavimentadas pela segurança.

Não seria exagero dizer que o lugar da teologia na Igreja é exatamente onde estão os medos que nos afastam das lutas de libertação. A teologia nos encoraja, por exemplo, a querermos conhecer os símbolos das outras religiões e compreendê-los, é compreender o outro e fortalecer a nossa própria fé.

> Compreender o outro em sua fé é compreender a expressão simbólica da sua fé. Pois, "não podemos de fato compreender os outros se não buscarmos penetrar em seus símbolos e experimentá-los por dentro". No encontro entre pessoas crentes, "os símbolos de uma interpelar-se-ão mutuamente, para aprofundarem a própria experiência. Os símbolos do outro tornar-se-ão, portanto, uma mediação para a minha própria experiência". Nesse sentido, estudos foram feitos para entender o sentido que budistas dão ao simbolismo cristão como "Deus", "Pai", "Filho", "Espírito Santo", "geração", "semelhança". O resultado surpreendente de tais estudos conclui que "se trata apenas de símbolos e, uma vez que se entende o seu significado, eles podem ser usados como se quiser. (WOLFF, 2016, p. 151-152).

Os símbolos que são frequentemente objetos de medo entre as religiões, quando conhecidos e compreendidos corretamente, se tornam força e coragem para enfrentar e vencer os medos. A linguagem simbólica é a alma da linguagem teológica e espiritual. Como falar de Deus ou com Deus. Do Mistério ou sobre os Mistérios, sem usarmos símbolos? Os símbolos, portanto, são lugares privilegiados da teologia e da fé. A Igreja deve buscar compreender os símbolos e ensinar seus fiéis a também conhecê-los, porque este é um conhecimento altamente libertador.

4.3 TEOLOGIA E HERMENÊUTICA: OUVIR E INTERPRETAR PARA VIVER A PALAVRA

Esta é uma relação simbiótica e reciprocamente alimentadora. A teologia alimenta a hermenêutica e é por ela alimentada. E a sustância deste alimento encontra-se na Palavra. A teologia da Igreja deve ser a Teologia do Primado da Palavra. Ler, meditar, estudar, interpretar, ensinar e viver a Palavra: esta é a condição para a Igreja se fortalecer na fé e não se desviar do caminho. Distante da Palavra a Igreja distancia-se da luz e fica cega. Por isso, a Teologia do Primado da Palavra, não é apenas uma opção, mas uma necessidade vital. E para todos e todas. Leigos, leigas, ordenados e para todas as funções. A teologia conciliar deu à luz a uma eclesiologia que brota e vive da Palavra. A Igreja é um organismo vivo e o que a mantém viva é a Palavra. Sem a Palavra criadora, nutridora e salvífica, a morte tem a última palavra, vence a vida, perde para a morte e assim não vemos a ressurreição.

Estudar os documentos do Concílio Vaticano II e os artigos e livros produzidos sobre eles é um caminho rico e libertador para a Igreja e para a fé cristã. Os grandes teólogos não ordenados, mas também os padres, bispos e cardeais que deram consequências ao desejo do Papa João XXIII, nos inspiram hoje a fazer acontecer a Teologia Conciliar e tornar prática a eclesiologia de uma Igreja profética que fala o que o mundo precisa ouvir e não apenas o que ele quer ouvir. As dimensões profético-testemunhal e martirial, são dimensões presentes e frequentes em toda a história da igreja e que se mantém e às vezes até se destaca no pós-concílio. O Primado da Palavra está bem representado na teologia já no prólogo da Primeira da Carta de João,

> O que era desde o princípio, o que ouvimos, o que vimos com nossos olhos, o que contemplamos e nossas mãos tocaram do Verbo da vida, – pois a vida se manifestou, e nós vimos e damos testemunho e vos anunciamos a vida eterna que estava voltada para o Pai e se manifestou a nós –, o que vimos e ouvimos nós vo-lo anunciamos, também a vós, para que vós também estejais em comunhão conosco. E nossa comunhão é comunhão com o Pai e com seu Filho Jesus Cristo. E isto vos escrevemos para que nossa alegria seja completa. E isto vos escrevemos: Deus é luz, e de trevas, nele não há vestígio algum. (1Jo 1,1-5).

É para ensinar a ouvir a Palavra e a ver e a testemunhar as obras que ela faz que a teologia existe. A Palavra é criadora e tudo o que existe foi criada por ela, no Filho, o Verbo Encarnado (Colossenses 1,16-18), o Primogênito de toda a criação. Já era a intenção inicial do Concílio Vaticano II, desde suas primeiras inspirações resgatar o Primado da Palavra na Igreja. Essa intenção foi realizada e os teólogos e as teólogas de hoje são as testemunhas desta realidade, como foram igualmente muitos teólogos conciliares. A teologia do Concílio nos fez ser sujeitos eclesiais. Agora, nós somos a Igreja. Antes nós éramos como coisas, objetos. Antes nós éramos da Igreja. O Concílio nos libertou da escravidão de coisas.

> Uma década antes do início do Concílio Vaticano II, um teólogo que seria convocado para ser assessor no Concílio afirmou de forma lapidar o que seria a inspiração mais patente da eclesiologia do Concílio: "Mais que uma instituição, a Igreja é uma vida que se comunica[6]". O Concílio Vaticano II vai romper com uma eclesiologia jurídica que se firmou a partir de Gregório VII, no século XI. Vai romper, assim, com a eclesiologia clássica da Igreja como *societas perfectas*. Podemos afirmar sem engano que, após a definição do primado da Palavra de Deus como o primeiro eixo do Concílio, o segundo vem a ser o eixo da Igreja. Pode-se afirmar que todos os documentos do Concílio estão relacionados com a Igreja. Uns se referem a sua vida interna, outros às suas relações com as outras Igrejas cristãs, com as tradições religiosas não-cristãs, com os não-crentes, com os meios de comunicação social e com o mundo moderno em toda a sua amplitude. (CIPOLINI, 2007, p. 74).

A eclesiologia que brota do Concílio Vaticano II é uma eclesiologia plural e a Igreja é chamada a dialogar com toda a sociedade, com toda a pluralidade que se expressa na sociedade moderna. A inspiração e a vontade do Papa João XXIII ao convocar o Concílio foi plenamente alcançada. A

---

6 Trata-se de um pensamento do teólogo Henri Marrie De Lubac. Cardeal Jesuíta Francês (1896-1991), conhecido como Arqueólogo da teologia por amor à Igreja. Citado por Pedro Carlos Cipolini (in CIPOLINI, 2007, p. 74).

saber: colocar a Igreja diante do mundo moderno, nem contra ele e tampouco a ele adaptada, mas nele inserida para transformá-lo. O mundo moderno aqui é entendido como o mundo das ciências e dos conhecimentos sistematizados. A Igreja deve reconhecer os alcances da razão e estimular o desenvolvimento intelectual do ser humano como sendo essa a vontade de Deus. É para coordenar esse processo de transformação que os cursos de teologia devem formar bons teólogos e boas teólogas. É igualmente para essa mesma missão que a Igreja deve formar e ordenar seus presbíteros e diáconos.

4.3.1 A Igreja e a opção preferencial pelos pobres

Ouvir a Palavra é trazer para a nossa prática de fé, o Deus amoroso, que ouve, que ver, que sente e desce para libertar (Êxodo 3,7-10). O Javé dos hebreus que faz de Moisés seu profeta e a Igreja como sendo ela mesma o povo de Deus, ouvindo e interpretando a Palavra, faz de cada um e de cada uma de nós profetas e profetisas, para salvar os famintos da praga da fome. Fome que não é so de comida, mas fome de ser plenamente. Duas coisas, sobretudo, Deus abomina nas Escrituras: a fome e a escravidão. São duas pragas que denunciam o desrespeito à Lei de Deus de forma concreta. Se alguém padece com fome por falta de comida, a Lei de Deus foi desrespeitada. Se alguém escraviza outro alguém, a compaixão como sinônimo de cristianismo e de Reino de paz, de justiça e liberdade, foi desfigurada na sua essência. Toda a teologia elaborada e abundante de um Deus que se manifesta preferencialmente para os pobres, que se revela em primeiro lugar aos pobres e aos excluídos, não é um mero divagar poético e tampouco um deleite intelectual e filosófico. É uma mensagem, um mandamento escrito na carne (2 Coríntios 3,3). Deus quando fala aos homens e mulheres, fala-lhes direto aos seus corações. É para ouvi-lo que os nossos ouvidos eclesiais devem ser preparados.

> Dentro dessa ampla preocupação pela dignidade humana, situa-se nossa angústia pelos milhões de latino--americanos e latino-americanas que não podem levar uma vida que corresponda a essa dignidade. A opção preferencial pelos pobres é uma das peculiaridades que marca a fisionomia da Igreja latino-americana e caribenha. De fato, João Paulo II, dirigindo-se a nosso continente, sustentou que, "converter-se ao Evangelho, para o povo cristão que vive na América, significa revisar todos os ambientes e dimensões de sua vida, especialmente tudo o que pertence à ordem social e à obtenção do bem comum. (DAp, N° 391).

Veja-se que o Documento da Conferência de Aparecida fala de fisionomia da Igreja. Fisionomia. É rosto, é identidade. Cabe à teologia contribuir para que o rosto da Igreja assemelhe-se ao rosto de Deus. E em sintonia com o Concílio Vaticano II, a Igreja somos nós, o povo de Deus na terra. Duas palavras se destacam na citação do Documento de Aparecida acima: a primeira, é dignidade. A dignidade da vida é o bem maior, o verdadeiro e primeiro valor. Tudo o mais é secundário. A segunda, é o binômio Bem-Viver. Enquanto a expressão evangélico-profética, "Vida em abundância" opõe-se ao seu oposto "vida com abundância", aqui a expressão tão cara aos povos andinos, "Bien-Vivir", opõe-se e choca-se com a máxima neoliberal, "Viver Bem. O Bem-Viver é a utopia possível de se conviver, viver com os outros e as outras.

A comunhão é a convivência harmônica, possível e desejável. Entre todas as espécies, mas tendo o ser humano como cuidador e garantidor. Já o viver bem tem a egoísta concepção de meritocracia que condena as classes médias ao acúmulo e à concentração de riquezas, deixando-as indiferentes aos sofrimentos alheios. A terra, como o único lugar possível de se prover o sustento da vida, pode garantir facilmente o Bem-Viver para toda a humanidade por tempo indefinido, mas não pode garantir o Viver-Bem, para vinte por cento da população do mundo por muito tempo.

A Opção Preferencial pelos Pobres, portanto, é, antes de tudo, um imperativo evangélico-cristão enraizado e exigido na Lei e nos profetas e que Jesus de Nazaré ratificou com a sua atualização teológica e prática. A regra de ouro conhecida de povos antigos e anteriores ao povo judeu (Mateus 7,12), Jesus a renova dizendo, inclusive que, não se trata de retribuição, mas de inciativa cristã.

4.3.2 Interpretando as origens e aprendendo com a história

A hermenêutica como a arte de interpretar textos, não se limita aos textos e interpreta também os fatos tratados nestes textos e a história como cenário onde eles aconteceram. Assim, encontramos os personagens: pessoas, mulheres e homens concretos e datados que os viveram, os escreveram e por vezes os antecederam. Os textos, na sua gentidade, são como rios. São águas que correm de águas que já corriam antes. Os textos bíblicos muitas vezes trazem mitos e imagens que já existiam em outros povos e em outras narrativas anteriores ao povo hebreu, ao povo de Israel e as suas narrativas.

Antes das versões europeias frequentemente encontramos uma versão não apenas escrita, mas vivida na África. A interpretação que fazemos hoje destes fatos nos enriquecem e nos renovam sem comprometer as narrativas anteriores. Os autores ganham identidade e a história ganha novos significados. É assim que, por exemplo, "As organizações de pesquisa anteriores (Institutos de estudos clássicos cristãos e comentário primitivo das escrituras) têm estudado a teologia africana por muitos anos e estão cientes da gama de problemas esperando receber atenção na África" (ODEN, 2022, p. 135).

Uma das questões centrais e de importância máxima para as novas hermenêuticas é o que podemos chamar de ancestralidade do cristianismo. São cada vez mais fortes os laços encontrados e que nos fazem dizer ser esta ancestralidade genuinamente africana. Já não dá mais sequer para disfarçar como tanto já se fez. Na África está não apenas a nossa ancestralidade antropológica, mas também a cristã. Na esteira de Thomas Oden,

> A definição doutrinária do cristianismo primitivo buscou refletir não somente uma fé mantida por africanos, mas por todos os cristãos ao redor do mundo. Os líderes africanos como, Atanásio e Cipriano, argumentaram isso com clareza e poder intelectual tão excepcional que suas fórmulas foram lembradas e replicadas por muitos séculos de formulações ecumênicas e ganharam consenso na Ásia e na Europa. Isso é evidente no desenvolvimento da linguagem trina, definições cristológicas, ensino pertinente, pensamento social e exegese das escrituras. Isso será demonstrado pelo consórcio no devido tempo com base em evidência e

> argumento histórico, textual e arqueológico. (ODEN, 2022, p. 136).

Frequentemente encontra-se nos pensamentos de teólogos cuja mística supera a vaidade e que buscam as verdades abissais, em vez da superficialidade da crosta, apelos ao retorno ao primeiro amor. Aos primeiros encantos e ao espanto do inusitado. Voltar ao primeiro amor, na perspectiva cristã, parece-nos cada vez mais voltarmos à África. Voltar ao primeiro amor está na literatura apocalíptica na Carta a Igreja Éfeso (Apocalipse 2,4-5). É um simbolismo forte cativante e atraente. A sabedoria que nos faz rever atitudes e refazer caminhos. A teologia é mestra nessa arte e os teólogos e as teólogas são representantes autênticos desta sabedoria.

Cabe a teologia, sobretudo a partir de bons cursos, de instigante bibliografia aguçar a curiosidade e despertar a inteligência dos novos teólogos e das novas teólogas para o estudo sistemático da fé. O caminho de formação dos discípulos e das discípulas de Jesus de Nazaré para que sejam verdadeiros missionários da Palavra, exige uma espiritualidade libertadora. Afinal, foi Jesus de Nazaré quem nos ensinou a ousar chamar Deus *"Abbá*! Pai, Paizinho. Ser e assumir-se filho e filha de Deus tem consequências e exigências que só uma teologia autenticamente libertadora pode nos fazer dignos. Pois, "Trata-se de uma nova criação, onde o amor do Pai, do Filho e do Espírito Santo renova a vida das criaturas". (DAp, nº 241). O teólogo e a teóloga precisam necessariamente que passar pela *"kénosis"*, esse esvaziamento de si mesmo, como condição para encher-se de Cristo e deste amor-sabedoria indescritível.

> Vai surgir do Concílio uma Igreja profundamente renovada, não porque foram mudados sua natureza ou os dogmas, mas porque se resgatou sua imagem como mistério, fundado, primeiramente, sobre a comunhão trinitária e, em seguida, sobre a *communio fidelium*, na qual se insere a autoridade da hierarquia. Surge uma Igreja mais evangélica e missionária. O Concílio Vaticano II vai fazer aparecer a Igreja como a comunidade de salvação - sacramento de salvação – dada por Deus Pai, centrada em Cristo e vivificada continuamente no Espírito Santo. Vai definir a Igreja, parafraseando São Cipriano, como "o povo reunido na autoridade do Pai, do Filho e do Espirito Santo. (CIPOLINI, 2007, p. 75-76).

A teologia e os teólogos e as teólogas, embora vivam aqui na realidade terrestre e humana, têm a missão de transcender a imanência e sonhar e ensinar a sonhar com a dimensão superior. O Concílio traz essas dimensões e essas exigências e aponta o caminho misterioso da redenção da humanidade no qual a teologia é protagonista.

4.4 TEOLOGIA, HERMENÊUTICA E A BUSCA DO SENTIDO

Estudar teologia é buscar encontrar o sentido. O sentido da vida, e inserido no sentido da vida há que se encontrar o sentido da morte. Encontrar o sentido da vida é encontrar-se na vida. A grande busca humana na terra, consciente ou inconscientemente, é de sentidos. Esta é uma busca fácil? Não! É muito exigente, tanto que não são poucas as pessoas que sequer, descobrem a necessidade de buscá-lo. E não são todas as que o buscam que o encontram. Mas buscá-lo, ou saber, ou ao menos acreditar que existe um sentido para a vida, já é por si, um motivo que dá algum sentido à vida. Nós poderíamos dizer que quem busca encontrar sentido na própria existência, encontrou um forte motivo para viver.

A busca de sentido é altamente reveladora e libertadora porque gera motivação, desperta perguntas e provoca novas interpretações. É aqui que se encontra o lugar e a hora em que a hermenêutica se faz imprescindível. Quantas perguntas, quantas inquietações surgem de um processo tão misterioso! Sim, porque uma das primeiras descobertas feitas pela mente e pela pessoa que busca decididamente a encontrar o sentido da própria vida, é que o seu objeto de procura transcende os limites da razão e da imanência. Por isso, a busca pelo sentido da vida é uma busca teologicamente transcendente. É uma busca espiritual e sobrenatural. Não se encontra o sentido da vida apenas lendo folhetins e pescando, ou rezando. O sentido da vida certamente está muito relacionado com o sagrado, com os mistérios espirituais, com o Absoluto, com Deus, mas não é Deus, como frequentemente se ouve dizer.

> Afirmar sem mais que Deus é o sentido do sentido é menosprezar a consistência do sentido. Não se deve "apoderar-se do céu" (cf. Sl 73,9a). O sentido, quando existe e está presente, tem autonomia e não tem necessidade de sanção divina para ser validado. Deus não é o sentido das coisas, como se tudo o que pudesse ser dito dele já estivesse aí. E o sentido não é Deus, como se a busca de sentido equivalesse à busca de Deus. O sentido não substitui Deus, mas também Deus não substitui o sentido. Num e noutro caso, lesa-se o sentido, correndo o risco de aliená-lo, e lesa-se Deus,

reduzindo-o a uma função. Num ato só, nos dois casos, lesa-se o ser humano. (GESCHÉ,2005, p. 5).

A busca do sentido, como um ato teológico, ou como uma das questões mais relevantes da teologia, é também uma missão sublime para o hermeneuta. Sem a busca do sentido da vida em sua pluralidade e em sua misteriosa existência, não faz sentido estudar teologia. "O sentido fala, faz-se anunciador de outra coisa ainda que não ele próprio. Sua automanifestação (fenomenologia) é, ao mesmo tempo, revelação (teologia)". (GESCHÉ, 2005, p. 10). A busca do sentido é a busca das respostas para as perguntas mais significativas que o ser humano faz. E ao fazê-las, consciente ou inconscientemente ele as faz para a teologia. E para respondê-las, o hermeneuta precisará de uma teologia que ajude a dá sentido à vida. O hermeneuta não precisa necessariamente ser um teólogo, mas o teólogo precisará ser um bom hermeneuta.

Os teólogos e as teólogas são homens e mulheres dedicados aos estudos, às pesquisas, às reflexões e à meditação. Seus olhos e seus ouvidos devem ser bem desenvolvidos e precisam está bem afinados para ver, ouvir e sua inteligência deve ser sábia para interpretar a totalidade – ou o mais próximo dela possível – da vida e sua boca deve saber e ter a coragem de denunciar o que falta ou está fora de lugar. É coisa séria ser teólogo, pois exige uma fé que pensa e questiona. Por isso, a sua teologia deve ser atualizada, na frequência das exigências de seu tempo. Por isso, ao falarmos de sentido da vida ajuda-nos a perceber a importância da defesa da Teologia Pública,

> O teólogo católico, também norte-americano, Davi Tracy falou de três diferentes públicos da teologia: a sociedade, a academia e a igreja, e foram sendo acrescentados outros públicos por outros autores, como a economia e mídia. Recentemente, o conceito vem sendo retomado numa rede internacional de teologia pública também em países onde não fora usado: na América do Sul e na Austrália, por exemplo. (SINNER, 2007, p. 43).

Propor e perguntar são artes do ofício dos teólogos e dos hermeneutas. Toda busca exige perguntas novas e novas proposições. A Teologia Pública, embora seja vista por David Tracy em três lugares preferenciais, certamente ela estará em outros lugares, mais específicos e não comuns para outras teologias. É bom que se diga que em todos estes lugares citados, mas também em outros, que certamente serão incluídos, estará não só a teologia, mas os teólogos e as teólogas. A busca de sentido é uma condição para a vida que se manifesta como um mistério e se dá onde quer que a vida pulse. Por isso, Teologia Pública, por isso, novas hermenêuticas. Os lugares da Teologia Pública são, ao mesmo tempo, segmentos, temas e assuntos que a teologia certamente terá o que dizer e o que propor, a partir de uma perspectiva de fé.

4.4.1 A busca do sentido nos leva à transcendência

A busca do sentido faz a gente despertar para a grandeza da vida e nos impulsiona a interpretar com a ousadia profética necessária a utopia da vida em abundância. Principalmente nos convida a conhecer a abrangência do conceito, no sentido de que, para ser vida em abundância, como Jesus a definiu e a viveu: para todos e todas. Por isso, a teologia e a própria fé, não podem ser mutiladas na sua dimensão política. "A ideia de revelação é precisamente essa ideia de transgressão das fronteiras. O sentido atola-se na sua imanência e acaba, então, deixando de ser sentido quando se propõe manter-se numa imanência para a qual não foi feito". (GESCHÉ, 2005, p. 11). O sentido é a força que nos faz transcender.

Transcender é precedido por uma mudança de mentalidade e pelo alcance de um nível de consciência critica e, para concluirmos com uma expressão do campo da teologia e da religião, uma compaixão aflorada. É a partir desses pressupostos que se dá o conceito de transcendência. Nas palavras de Adolphe Gesché,

> Quanto mais elevado for aquele que é meu outro, quanto maior for a alteridade, tanto mais minha identidade não fica confirmada? É, aí, exatamente que se esboça a ideia de Deus como terceiro transcendente e terceiro-transcendente não de aniquilação, mas de comunhão (GESCHÉ, 2005, p. 58-59).

É exatamente na comunhão que o ser humano transcende. Deve ser questionada e até mesmo rejeitada uma teologia que se diga apolítica, indiferente com as desigualdades, sobretudo sociais, e que não seja capaz de chorar com os que choram. Indo mais fundo, uma teologia que não se posiciona contrariamente a quem os faz desiguais e os faze chorar, não pode ser cristã e há que se questionar se ao menos é teologia. A teologia deve ser o grande grito da fé que ecoa desde o início do início até o fim do próprio fim.

Como fala a fé? Utilizando todo um universo de representações (Kant) que servem de base e sustentam seu sentido. Que seria o cristianismo sem o formidável fundo de imaginário, que, desde as origens, ele veicula e continua a veicular com ele. E com o qual ele envolve, como para bem assegurá-la, a expressão pura de sua fé e de sua imagem? Desde as narrativas míticas às quais recorre em seu Antigo Testamento até as metáforas vivas que sulcam o seu Novo Testamento, o querigma (judeu) cristão não faz outra coisa senão solicitar, como vagalhão e um cenário sempre vasto, nosso imaginário. A imensa narrativa da Criação no Gênesis não faz outra coisa senão afinar, como se diz de um instrumento de cordas, a narrativa de sua fé em Deus com as narrativas míticas da moldagem de Adão, da chegada de Eva no meio de um sonho, de um jardim maravilhoso e perigoso onde o ser humano se exercita nos primeiros passos da liberdade, onde dramas cósmicos como Babel e o dilúvio exibem a magnificência de suas imagens imemoriáveis. E que faz o Novo Testamento – sem nem falar dos evangelhos da infância –, a não ser cingir a eloquência de sua imagem com narrativas "maravilhosas" (no sentido original do termo) de tentação no deserto em companhia de anjos e de demônios, de multiplicações de pães irracionalmente excessivos, de parábolas faustosas ("O filho pródigo")? Sem falar da longa narrativa da Paixão e da morte de Jesus, na qual nos é mostrado o véu de um templo rasgando-se, um temor de terra e de céu para além até do cósmico, trevas de três horas que as leis do mundo caem por terra. E é nesse cenário que nos fazem o grito de nosso Deus sobre a cruz, como é no cenário de um túmulo, cuja pedra rola não se sabe

> como, que se encontra o caminho para falar-nos do
> triunfo desse grito, e que é a própria base de nossa fé.
> (GESCHÉ, 2005, p. 152).

Transcendência e comunhão andam juntas. E no caminho que elas andam, a teologia que as serve deve ser vista e reconhecida. O sentido que nós buscamos está na transcendência e na comunhão, mas quem nos revela esse sentido é a teologia, através de sua hermenêutica. E tudo isso se dá publicamente e através de uma eclesiologia que se faz publicamente.

4.4.2 Teologia, cidadania e democracia

A teologia vem conquistando lugar de fala e de ação na sociedade à medida que cada vez mais se faz pública. As democracias, sobretudo as lutas que as tornam possíveis, abrem caminho para as questões teológicas e lhes criam novos rostos e novas expressões. Não que nas ditaduras ou nos regimes autoritários e nos exílios não exista teologia. Existe e muito boa, por sinal. A teologia exílica, por exemplo, é de altíssima qualidade. Assim, a teologia promove a cidadania e é reconhecida por ela. Mas, sobretudo no exílio que o povo não tinha o templo, a teologia se fez pública e profética.

A democracia e a cidadania, quando entendidas e vividas na sua dimensão que transcende o senso comum, carecem de um teologizar que eleve o alcance das esperanças. Não seria de se estranhar chamar isso de politicidade da teologia. Mas também há um teologizar na política. Enquanto a política ajuda a teologia a manter-se com os pés no chão – condição determinante para transformar a realidade deste chão –, a Teologia eleva a política ao status de transcendência – condição exigida para não se conformar na dimensão de ativismo político. Na primeira década deste terceiro milênio o professor Rudolf von Sinner, se fazia denúncia através de um texto que, cuja obviedade permanece atual. O texto citado a seguir é praticamente um tratado da politicidade da teologia.

> "Cidadania" tornou-se o termo chave para a democracia no Brasil, embora haja diferenças consideráveis quanto ao que isso significa exatamente. Em termos gerais, pode-se dizer que a cidadania tem a ver com o "direito a ter direitos" em uma situação de "apartheid social", onde prevalece a exclusão. Portanto, um importante desafio da cidadania efetiva é que todas as pessoas compreendam que realmente têm direitos, que são cidadãs. Isso pode parecer óbvio, mas não é numa sociedade com milhões de pessoas lutando pela mera sobrevivência, vivendo com menos de 1 ou 2 dólares norte-americanos por dia, em contraste assustador com a renda e riqueza de um pequeno número de pessoas muito ricas. Não é óbvio em um país onde há pessoas que têm a sua primeira fotografia tirada no dia de sua morte, onde muitos recém-nascidos não são registrados e, logo, não existem juridicamente, onde as pessoas sofrem total abandono social e onde se sabe que a polícia é corrupta, incompetente e violenta. Tampouco é óbvio em um país com uma organização social e política é tradicionalmente muito patriarcal e clientelista, onde não é a lei que define os relacionamentos ou onde ela sequer os protege. (SINNER, 2007, p. 52-53).

Mais que as palavras, mas a indignação cristã de professor Rudolf Von Sinner, testemunham o lugar preferencial da teologia e a sua missão primeira. Ao relatar a malvadez da indigência, Sinner está sendo profeta e neste caso, já não são apenas suas as palavras, mas são palavras de salvação, Palavras de Deus. Os profetas não pregam em seus próprios nomes, mas os profetas pregam em nome de quem os enviou. O que temos explicitada nas palavras do teólogo suíço é a fisionomia da Teologia Pública, cuja hermenêutica, é comprometida com a análise da realidade e com a sua transformação. E o binômio anúncio-denúncia, forma o núcleo profético da teologia encarnada na vida e comprometida com a transformação do mundo.

A teologia dos profetas bíblicos se revela como uma Teologia Pública, e age nos diversos lugares e realidades que tanto David Tracy como Rudolf von Sinner elegem como privilegiados. Esses lugares e essas realidades são tão presentes lá no tempo dos profetas bíblicos quanto cá no nosso tempo. Talvez os termos democracia e cidadania tenham se transformado, sendo que cidadania tenha mesmo surgido e se constituído como um lugar de desejo da democracia e de busca teológica.

O profeta Amós que profetizou, ou foi chamado a profetizar em torno do século oitavo, sob os reinados do rei de Israel Jeroboão II (787-747) e do rei Ozias em Judá (781-740). É instigante imaginar um criador de gado, judaíta vivendo e Teqoa, perto de BetLehen, que diz de si mesmo, "Eu não era profeta, nem filho de profeta; era vaqueiro, cultivava sicômoros; mas o Senhor me tomou detrás do gado e o Senhor me disse: Vai! Profetiza a Israel, meu povo". (Amós 7,14-15). Os cenários do texto citado acima nos trazem imagens rurais e falam muito. A personagem central do texto, o profeta Amós, sobretudo a partir de sua própria apresentação e de sua condição social, abre o ofício da profecia para qualquer um que ousar escutar o chamado do Senhor. Seja ou não de família de profetas, seja ou não de uma classe social bastarda.

A relação harmônica entre teologia, cidadania e democracia, nos revela o quanto de fé encontramos nos movimentos sociais e nas pastorais que estão inseridos nas lutas das populações periféricas, por conquistas de direitos básicos, como transporte, saúde, educação e segurança, por exemplo. A centralidade dessas lutas é a defesa da vida e da dignidade da vida. Portanto, essas lutas são feitas de teologia e essas lideranças ao fazerem suas lutas, fazem também teologia.

Este é o lugar onde se dão o que já nominamos anteriormente de teologias periféricas. Estas, por sua vez, são públicas por natureza. Pois bem, dessas teologias periféricas decorrem hermenêuticas periféricas que ajudam a dá sentido à vida do povo. É da interpretação das realidades tantas vezes opressoras que nascem as lutas do povo. E é nas lutas que o povo faz teologia. E por que elas são periféricas? Poderíamos nos perguntarmos. Simplesmente porque elas – nem essas teologias e tampouco essas hermenêuticas – cabem nas doutrinas sedimentadas das Igrejas e tampouco são aceitas ou reconhecidas por suas estruturas pesadas, verticalizadas, herméticas e autoritárias.

Existem diversas lacunas entre as ações, as teologias e as hermenêuticas das Igrejas cristãs, que se revelam como sendo mais grave que simples contradições: são incoerências que se tornam em graves paradoxos. Trata-se da questão da comunhão. Cristianismo sem comunhão não pode ser reconhecido. Acontece que, a comunhão é um estágio elevado que, para ser alcançado, precisa ser buscado. E a comunhão tem valores que são mais caros que simples preços, como se costuma dizer. Como alcançar o estágio da comunhão, se não adoto os valores e as práticas da democracia, se não me permito ser irmão e irmã dos demais? Assim nos fala o professor Rudolf von Sinner, na esteira do teólogo Leonardo Boff,

> Na doutrina da Trindade Boff encontra um excelente conjunto de imagens para isso: a comunhão trinitária, que é em si comunhão-na-diferença, cria o ser humano como ser de comunhão e a natureza como ser de comunhão, coloca-os na liberdade, mas, torna a acolhê-los escatologicamente. Isso torna possível que os seres humanos reproduzam (e devam reproduzir) entre si a comunhão trinitária, uma comunhão na qual as diferenças sejam respeitadas e os vínculos comunitários sejam promovidos. (SINNER, 2007, p. 94).

Pois bem, comunhão contempla e exige, relações horizontais, convívio e aceitação das diferenças, não apenas por uma questão de tolerância, mas por reconhecimento da diversidade como vontade de Deus, desde a criação. A comunhão é uma força inspiradora que contribui para o Ser Mais do outro. Mas que simplesmente defender a igualdade, democracia é respeitar e valorizar as diferenças. É orientada pela descentralização do poder, na partilha dos dons e pela alteridade. A falta de comunhão, por sua vez, dificulta, nega e por vezes tira do outro o direito de ser. Porque é baseada na concentração do poder, postura anticristã. Precisa de uma estrutura de pecado para se manter. "Há pecado todas as vezes que se impede alguém de tornar-se o que poderia ser ou que se impede a si próprio de tornar-se o que poderia ser. Nesse instante a pessoa torna-se estranha (*alienus*) a si mesma". (GESCHÉ, 2005, p. 52). Onde falta comunhão, falta realização, falta o ser.

4.5 HERMENÊUTICA E ECLESIOLOGIA PARA UMA TEOLOGIA PÚBLICA

A Teologia Pública, por tudo o que já foi dito até aqui sobre ela, exige uma determinada eclesiologia: menos clericalista, menos verticalizada e centralizadora; e pede uma hermenêutica que lhe garanta a interpretação correta dos processos de vida: que dialogue com a diversidade presente na criação, e reconheça a pluralidade política e religiosa. Na verdade, como também foi dito acima, a Teologia Pública exige o reconhecimento de novas hermenêuticas e de novas eclesiologias. Por isso, as disciplinas que a fazem efetivamente pública e que lhe garantem essa publicidade, são sugeridas pluralmente,

> Diante do processo de construção teológica Tracy recorre ao que chama de disciplinas teológicas. Para ele, "a teologia é, de fato, um termo genérico, não para uma única disciplina, mas para três: teologia fundamental, teologia sistemática e teologia prática". Ademais, "cada uma dessas disciplinas necessita de critérios de adequação explícitos. Cada uma delas tem a ver com os três públicos". Assim, "cada uma está irrevogavelmente implicada em pretensões a sentido e verdade. Cada uma é, de fato, determinada pelo impulso incessante na direção da publicidade genuína de e para todos os três públicos" (TRACY, 2006, p. 72). (ZEFERINO, 2018, p. 14).

Para cada lugar e para cada público, deve-se adequar preferencialmente uma teologia com critérios bem definidos. A abrangência da teologia como ciência e a sua própria necessidade de diálogo com as outras ciências, nos revelam quão exigente é estudar teologia. Como estudioso de Teologia Pública, o professor Jefferson Zeferino nos apresenta uma síntese daquilo que constitui o pensamento tracyano, no sentido de adequar as teologias com seus públicos preferenciais.

> Quanto as formas de desenvolvimento teórico das três disciplinas teológicas propostas pelo autor, ele as apresenta em cinco pontos: 1. O primeiro diz respeito aos públicos da teologia, para ele, "[...] as teologias *fundamentais* estão relacionadas, em primeira linha, com o público representado, mas não esgotado pela academia". Por sua vez, "as teologias *sistemáticas* estão relacionadas, em primeira linha, com o público representado, mas não esgotado pela igreja, entendida aqui como comunidade do discurso moral e religiosos e da ação correspondente". Finalmente, "as teologias *práticas* estão relacionadas, em primeira linha com o público 'sociedade', mais exatamente com as preocupações de algum movimento ou de alguma problemática particular de cunho social, político, cultural ou pastoral [...]" (TRACY, 2006, p. 88). Em resumo, identifica a teologia fundamental com a academia, a teologia sistemática com a igreja e a teologia prática com a sociedade. (ZEFERINO, 2018, p. 14).

Propomo-nos, desde o início, apresentar de forma atualizada, uma visão de mundo e de vida no mundo a partir das lentes da Teologia Pública; da Eclesiologia pós-Concílio

Vaticano II, com a Igreja Povo de Deus; e para tanto, trazemos as hermenêuticas que batem à porta da fé em uma sociedade tecnológica, digitalizada, cada vez mais virtual e que se define frequentemente como pós-moderna. Todos estes pontos poderão e deverão ser questionados, sobretudo pela teologia, mas eles estão aí. Compete-nos, então, contribuir com os/as estudantes de teologia para a compreensão correta da relação enriquecedoramente bonita entre estas dimensões: teológica, hermenêutica e eclesiológica.

E por que essa compreensão é importante? Porque, como já dissemos acima, as perguntas mais importantes que o ser humano faz, ele as faz para a teologia. E, as respostas, não são esperadas em um primeiro momento, no âmbito pessoal ou científico, mas eclesial. Embora este seja superado em seguida. Quando as pessoas fazem perguntas que lhes dizem respeito ao sentido de suas existências, elas esperam uma resposta eclesial. Por isso, a importância de se compreender o lugar da hermenêutica, na vida da teologia e da eclesiologia. É a hermenêutica que garante a interpretação adequada e atualizada, não apenas dos textos sagrados, mas também de outros textos, mas também e igualmente dos contextos destes textos. Muitas vezes, o primeiro desafio e a primeira necessidade a ser interpretada é a própria pessoa.

4.5.1 As perguntas e o alimento de adultos

Quando o ser humano se coloca a si mesmo como um dos seus problemas, isso significa maturidade e consciência. A partir desse pressuposto, estamos nas águas Paulinas, preparando alimentos de adultos e para adultos. Os/as estudantes de teologia estão entre estes que o Apóstolo

Paulo denomina de adultos. E tratar adultos como adultos é, antes de tudo, respeitá-los e é também um dever. Assim como tratar as crianças de acordo com sua fase de vida é respeitá-las e este respeito se faz incentivo à busca e a vivência da Palavra, como alimento para todas as fases da vida. Assim, portanto, nos orienta o Apóstolo dos gentios,

> Temos muito a dizer sobre este tema, mas sua explicação é difícil, porque vocês se tornaram lentos para compreender. Depois de tanto tempo, vocês já deveriam ser mestres. No entanto, estão precisando novamente de alguém que lhes ensine as coisas mais elementares das palavras de Deus. Vocês estão precisando de leite, e não de alimento sólido. Quem vive de leite é criança e, ainda não cresceu para experimentar a palavra da justiça. O alimento sólido é para os adultos, que com a prática e treinando os sentidos sabem distinguir o que é bom e o que é mau. (Rm 5,11-14).

A teologia Paulina se faz ensinamento para todos e todas que vivem em qualquer nível de relação: não apenas na Igreja, mas na academia e na sociedade. Poderemos acrescentar aqui, sem dúvidas, também na família. Eis aí, uma interpretação urgente e necessária: para desenvolvermos qualquer trabalho, com pessoas de qualquer idade, precisaremos conhecer essas pessoas, saber quais são os seus interesses, as suas pretensões e a sua visão de mundo. Precisamos, portanto, interpretá-las como seres únicos. Sempre únicos. E respeitarmos o seu tempo e a sua cultura.

A citação paulina acima nos remete a Jesus de Nazaré que, em diversos momentos, referiu-se aos discípulos de forma semelhante, como, por exemplo, em (Lucas 24,25;

Marcos 8,21; Mateus 13,13). Possivelmente essa reação seja de todos os líderes que em determinado momento da caminhada descobre que seus discípulos estão aquém do esperado. Este é um importante momento de avaliação e se for o caso, de retomada do processo. Quem sabe de dá-se um passo atrás, de rever a metodologia ou de chamar a atenção corretivamente mesmo, como Paulo faz tão bem. O fato é que as perguntas feitas pelos adultos, devem e merecem ser respondidas de forma adulta. Assim, como para adultos deve ser fornecido alimento de adulto.

A relação entre a democracia e a Teologia Pública se dá de forma gradual inicialmente. O regime democrático é como terra boa para a Teologia Pública, uma vez que na ausência da democracia, e com a presença de regimes autoritários, ela costuma ser perseguida, censurada e proibida de ser. A Teologia Pública vem ocupando cada vez mais espaços na vida pública no Brasil, embora pareça adiantar-se na academia mais que nos outros dois lugares que lhe atribui o teólogo estadunidense, David Tracy. A democracia, assim como a sua construção ou como a sua vivência, é um alimento para adultos. O teólogo suíço, naturalizado brasileiro, Rudolf von Sinner faz referência à esta relação e apresenta algumas fases, como a Teologia Cidadã, por exemplo.

> Não obstante, todos os retrocessos, creio que é justo dizer que a democracia no Brasil avançou a tal ponto que se tornaram possíveis novas formas de participação popular, bem como uma inserção das igrejas na busca da sociedade civil por efetiva cidadania e prestação de contas por parte das instâncias governamentais. Portanto, um termo mais amplo do que "libertação" se faz

necessário. "Teologia pública" parece-me ser útil para esse propósito, mas tende a ser pouco e específico. Por isso, eu optaria por uma teologia da cidadania como teologia pública. (SINNER, 2007, p. 58-59).

A consolidação da democracia é essencial para a viabilidade de uma Teologia Pública, e a recíproca também é verdadeira, mas, antes, a teologia precisa conquistar o status de cidadã. Sem a cidadania conquistada, o que significa dizer, sem liberdade, sem autonomia e, sobretudo, sem a autorresponsabilidade de adulta, a teologia tende a se confinar ou a permanecer confinada nas sacristias e nos gabinetes acadêmicos. Deste ponto decorre a necessidade de falar sobre a relação indissociável entre a fé confessada, professada e vivida e a política.

A seguir transcreveremos os seis pontos em forma de acontecimentos que o professor Rudolf von Sinner, relata e que nos subsidiam na compreensão dos lugares, das formas e dos níveis que a teologia age e se expressa publicamente no Brasil. São percepções importantes e em certa medida impactantes para o estudo de teologia e por consequência para os cursos e para os/as estudantes de teologia. Assim descreve o professor Sinner,

> Dentro dos limites de espaço e considerando que o debate sobre a teologia pública no Brasil está apenas começando, vou relatar seis acontecimentos para situar e visualizar *loci* em potencial para o debate da teologia pública. Não os discutirei em si, mas os usarei para mostrar como a teologia pública se faz presente no Brasil. É claro que os exemplos não se referem a um conceito unívoco de teologia pública: cada um deles

poderia ser discutido quanto à sua incidência específica sobre um conceito reconhecidamente unificado. (SINNER, 2007, p. 59).

A partir desta introdução esclarecedora, o professor Sinner nos apresenta os seis acontecimentos que reproduzo a seguir. A objetividade e a perspicácia do professor Rudolf nos instigam a buscarmos cada vez mais a atualização do nosso fazer teológico.

1. Em 1931, foi inaugurada a estátua do Cristo Redentor. Em meio a 50 bispos e arcebispos, o cardeal Sebastião Leme afirmou ousadamente que "ou o Estado (...) reconhece o Deus do povo ou o povo não reconhecerá o Estado". Ele disse isso na presença do chefe do governo provisório, Getúlio Vargas, que efetivamente aprendeu a respeitar e a construir um relacionamento estreito com a Igreja Católica Romana. Leme foi o arquiteto da renovada influência maciça de sua Igreja sobre o Estado e o espaço público, geralmente chamada de neocristandade. Isso é religião pública, tornada visível até o dia de hoje por uma estátua de 38 metros (incluindo os oito metros de pedestal), inaugurada no dia da padroeira nacional, Nossa Senhora da Conceição Aparecida, em 12 de outubro.

2. No início da década de 1970, um grupo de frades dominicanos foi preso pelo regime militar por sua posição crítica. Eles tinham que dividir uma cela com marxistas ateus; eram aproximadamente 45 pessoas ao todo. Os cristãos começaram a fazer uma celebração a cada domingo, com todos

participando. A certa altura, os cristãos disseram: "Nós somos cristãos, estamos fazendo celebração, mas talvez os marxistas não queiram; a gente está meio obrigando eles a participar sem querer, é melhor a gente suspender". Mas, então, os marxistas protestaram e disseram: "A celebração não é mais de vocês apenas, a celebração é da cela toda". A celebração tornou-se pública.

3. No mesmo período, o governo militar criou a "Educação Moral e Cívica" compulsória nas escolas e uma Comissão Nacional de Moralidade e Civismo para supervisionar esse programa. A comissão publicou uma Oração pelo Brasil": "Ó DEUS onipotente, princípio e fim de todas as coisas, infundi em nós, brasileiros, o amor ao estudo e ao trabalho, para que façamos da nossa PÁTRIA uma terra de paz, ordem e grandeza. Velai, SENHOR, pelos destinos do Brasil". O historiador Thales de Azevedo denominou de uma "religião civil" brasileira, instrumentalizada pelo regime para assegurar lealdade e obediência.

4. Em 1995, de novo no dia da padroeira nacional, o bispo Sérgio von Helde, da Igreja Universal do Reino de Deus (IURD), chutou uma estátua de Nossa Senhora em um programa da rede de televisão da própria igreja, a terceira maior do país. O incidente criou um enorme estardalhaço, não somente entre os católicos, mas também entre muitos "evangélicos", que se distanciaram da IURD. A igreja foi submetida a uma campanha de difamação pela sua principal concorrente, a TV Globo. Porém, depois que a poeira assentou, continua a ter uma

forte presença em centro urbanos, nos meios de comunicação de massa (rádio, televisão, jornal semanal) e através de seus congressistas eleitos. Uma pública, contestadora e contestada.

5. O Movimento dos Trabalhadores Sem-Terra (MST) realizou recentemente uma manifestação pública no Rio de Janeiro: erigiu uma cruz e espalhou em torno dela manchas vermelhas para simbolizar sangue. Usaram, pois, símbolos cristãos para apontar tanto para seu sofrimento quanto para a esperança por um futuro diferente. Mas não havia sacerdote ou pastor ali. Movimentos e ONGs no Brasil, muitos dos quais se originaram sob o guarda-chuva da Igreja Católica, estão desenvolvendo sua própria "religião da sociedade civil"?

6. No dia 7 de abril de 2005, o presidente Lula viajou para participar do sepultamento do Papa João Paulo II em Roma. Em seu avião, comumente chamado de "Aerolula", ele levou consigo representantes de organizações ecumênicas e religiões não-cristãs. Durante a vigem, realizou-se uma celebração ecumênica, e a televisão nacional entrevistou alguns desses representantes. Um reconhecimento público não somente da religião, mas também do pluralismo religioso com sua contribuição pública – significativo em muitos aspectos, no que ainda é o país com a maior população católica do mundo. (SINNER, 2007, p. 59-60).

Grandiosa esta reflexão do professor Rudolf von Sinner! Corajosa e exemplar e que tem a autoridade de tornar aberto o debate em torno da publicidade da teologia no Brasil.

São manifestações públicas como estas apresentadas pelo professor Rudolf von Sinner, que, certamente nos mostram a publicidade concreta da teologia no Brasil. Possivelmente, enquanto lemos estes relatos, lembramos também nós de outros acontecimentos. De muitos outros talvez.

Embora, nem sempre, por razões compreensíveis, a gente atribua estes fatos à teologia. É mais frequente atribuirmos à Igreja ou a determinada religião. Mas por de trás do fato, fala, expressa-se uma teologia. A teologia que está por detrás dos seis fatos narrados acima, não é a Teologia Pública identificada e defendida neste livro. É apenas a publicidade de uma certa teologia em vigor. É a manifestação pública de uma teologia que sugere alguns dos lugares onde a teologia se expressa publicamente.

O fato é que, quando olhamos os acontecimentos, ou mesmo que sejam simples eventos, com as lentes da teologia, abrimos novas perspectivas e criamos novas possibilidades de interpretação e de transformação da realidade. E quando agimos a partir de uma visão teológica de mundo, agimos à luz da fé.

5 CONSIDERAÇÕES FINAIS

Duas sensações nos acompanham ao chegarmos ao final desse estudo: a primeira é um cansaço que traz consigo um prazer de realização. O caminho do estudo e da pesquisa teológica é prazeroso e cansativo. Mas é, sobretudo edificante. A segunda é a vontade de continuar aprofundando a pesquisa sobre o tema e de modo especial, com as contribuições de vocês, leitores e leitoras que certamente enriquecerão nosso estudo. Mas o desejo de que você se encontre com as nossas reflexões, com as nossas propostas e com as nossas ideias, nos faz esperançosamente recompensados. Por isso, o cuidado e o zelo com as palavras, com as escolhas criteriosas do itinerário e com a riquíssima bibliografia indicada ao final. Propomo-nos o tempo todo ser um diálogo, fazer deste espaço um lugar de encontro. De um desejado encontro entre pessoas que sabem e sabem coisas diferentes. Entre pessoas que trocam suas ideias e partilham seus conhecimentos e crescem juntas. Aqui, somos três sujeitos que dialogam e constroem um novo conhecimento: vocês, sobretudo estudantes de teologia, que leem este texto e dialogam a partir de suas próprias experiências; os nossos pesquisadores, mestres, teólogos, filósofos, sociólogos, cientistas, enfim, místicos que embasam o nosso estudo a partir da bibliografia citada e este autor-pesquisador que também é teólogo e se faz diálogo e coordena essa conversa grande com vocês. Hermenêutica, Eclesiologia e Teologia Pública, três áreas do conhecimento que fazem da teologia esta ciência instigantemente humana e um meio de transcendência. A nossa intencionalidade é que, ao ler este livro você sinta uma vontade incontida de conhecer os autores citados e se jogue com paixão e disciplina na pesquisa teológica. Certamente nos encontraremos em algum outro lugar deste caminho e este encontro será sempre um motivo de alegria, de aprendizado e de libertação.

REFERÊNCIAS BIBLIOGRÁFICAS

ANJOS, Márcio Fabri dos. Artigo: **Teologia como profissão:** da confessionalidade á esfera pública. (*in*) SOARES & PASSOS. (Orgs.). **Teologia Pública** – Reflexões sobre uma área de conhecimento e sua cidadania acadêmica. São Paulo: Paulinas, 2011.

ARBIOL, Carlos Gil. PAULO – **Na origem do Cristianismo.** São Paulo: Paulinas, 2018.

BÍBLIA. **Bíblia Sagrada Edição Pastoral**. São Paulo: Paulus, 1990.

BÍBLIA. **Tradução Ecumênica da Bíblia** – TEB. São Paulo: Loyola, 1994.

BOFF, Clodovis. **Teoria do Método Teológico**. Petrópolis-RJ: Vozes, 6ª ed., 4ª reimpressão, 2020.

BOFF, Leonardo. **ECOLOGIA – Grito da Terra, grito dos pobres** – Dignidade e direitos da Mãe Terra. Petrópolis-RJ: Vozes, 2015.

BRIGHNTI, Agenor; ARROYO, Francisco Merlos. **O Concílio Vaticano II** – Batalha perdida ou esperança renovada? São Paulo: Paulinas, 2015.

BRIGHENTI, Agenor. **O Método VER-JULGAR-AGIR** – Da Ação Católica à Teologia da Libertação. Petrópolis-RJ: Vozes, 2022. Curitiba-PR: Editorial Casa, 2ª ed., 2022.

CARIAS, Celso Pinto. **Por uma Paróquia Sinodal** – Projeto Pastoral. Petrópolis-RJ: Vozes, 2023.

COVIELLO, João. **Literatura e Hermenêutica** – Introdução ao contexto dos livros sagrados do oriente próximo. Curitiba-PR: Editora CRV, 2020.

COZZER, Roney. **Hermenêutica Bíblica** – Interpretando as Sagradas Escrituras. Curitiba-PR: Editora Casa, 2ª ed. 2022.

DAp. **Documento de Aparecida.** Texto conclusivo da V Conferência Geral do Episcopado Latino-Americano e do Caribe. São Paulo: Paulinas/Paulus, 7ª ed. 2008.

DREHER, Isolde Ruth. **A História de DINA e outras mulheres em Gênesis 12-38**. São Leopoldo-RS: CEBI, 2010.

FARIA, Jacir de Freitas. Artigo: **A releitura do Deuteronômio nos Evangelhos**. (*in*) KONING & SILVANO. (Orgs.). Deuteronômio – "Escuta Israel". São Paulo, Paulinas, 2020.

FORMOSO, Ana. (*in*) **Teologia Feminista** – tecendo fios de ternura e resistência. (p. 116-121). WEILER, Lúcia; PINTO, Raquel Pena; PIRES, Sandra Maria. (Orgs.). Porto Alegre-RS: ESTEF, 2008.

FRANCISCO. **Exortação Apostólica do Papa Francisco.** GAUDETE ET EXSULTATE – Sobre o chamado à santidade no mundo de hoje. São Paulo: Paulus, 2018.

FRANCISCO. **Carta Encíclica LAUDATO SI'** – Sobre o cuidado da Casa Comum. Brasília-DF: Edições CNBB, 2015.

GALLAZZI, Sandro. RIZZANTE, Anna Maria. **Ensaio sobre o pós-exílio** (2ª parte) – A resistência da casa e da mulher. São Leopoldo-RS: OIKOS, 2ª ed. 2008.

GESCHÉ, Adolphe. **O Sentido – Deus para pensar.** São Paulo: Paulinas, 2005.

GLEISER, Marcelo. **Criação Imperfeita – Cosmo, Vida e o Código Oculto da Natureza.** Rio de Janeiro/São Paulo: Record, 4ª ed. 2010.

HOLGATE, David A.; STARR, Rachel. **Hermenêutica Bíblica.** Petrópolis-RJ: 2023.

KONINGS, Johan; SILVANO, Zuleica Aparecida (Orgs.). **Deuteronômio – "Escuta, Israel".** São Paulo: Paulinas, 2020.

KUZMA, Cesar. Artigo: **A Teologia no Universo Científico e sua Especificidade Epistemológica.** (*in*) SOARES & PASSOS. (Orgs.). Teologia Pública – Reflexões sobre uma área de conhecimento e sua cidadania acadêmica. São Paulo: Paulinas, 2011.

LIBANIO, João Batista. **O QUE É PASTORAL?** – Coleção Primeiros Passos 69. São Paulo: Brasiliense, 1982.

LIBANIO, João Batista. **Cenários da Igreja** – Coleção CES. São Paulo: Loyola, 3ª ed. 2001.

LIBANIO, João Batista. (*in*) **O Concílio Vaticano II**: Batalha perdida ou esperança renovada? (p. 329-351). BRIGHENTI, Agenor; ARROYO, Francisco Merlos (Orgs.). São Paulo: Paulinas, 2015.

LORO, Tarcísio Justino. (*in*) **Temas de Teologia latino-americana.** SOUZA, Ney de. (Org,). São Paulo: Paulinas, 2007.

ODEN, Thomas C. **Quão Africano é o Cristianismo?** São Paulo: Editora Quitanda, 2022.

PASSOS, João Décio; USARSKI, Frank. **Compêndio de Ciência da Religião**. São Paulo: Paulinas, primeira reimpressão, 2016.

PEREIRA, Mabel Salgado. (*in*) DREHER, Martin N. (Org.). **500 anos de Brasil e Igreja na América Latina**. Porto Alegre-RS: Edições EST/CEHILA, 2002.

RICOEUR, Paul. **A hermenêutica bíblica**. São Paulo: Loyola, 2007.

SADER, Emir. **A Nova Toupeira. São Paulo**: Boitempo, 2009.

SANTIAGO, João Ferreira. **Teologia Pastoral:** a Arte do Seguimento e do Discipulado de Leigos e Leigas. São José dos Pinhais: NVC – Talher Gráfica e Editora, 2020.

SANTIAGO, João Ferreira. **A fé e a coragem de JUDITE como inspiração e esperança para a libertação das mulheres hoje.** Curitiba-PR: APPRIS, 2023.

SCWANTES, Milton. **Sofrimento e Esperança no Exílio – História e teologia do povo de Deus no século VI a.C.** São Leopoldo-RS: OIKOS, 2ª ed. 2007.

SILVA Marcos Rodrigues da. **A contribuição da teologia afroamericana e caribenha ao Fórum Mundial de Teologia e Libertação**. Entrevista especial IHU. https://www.ihu.unisinos.br/categorias/159-entrevistas/19206-a-contribuicao-da-teologia-afroamericana-e-caribenha-ao-forum-mundial-de-teologia-e-libertacao-entrevista-especi-al-com-marcos-rodrigues-da-silva São Leopoldo-RS: 10 de janeiro de 2009.

SILVEIRA, Maria Vargas da. Artigo: **Estratégias Pedagógicas para a Educação Anti-Racista nos Projetos Inovadores de Curso**. (*in*) BRAGA, Maria Lúcia de Santana; SILVEIRA, Maria Helena Vargas de. (Orgs.). O Programa da Diversidade na Universidade e a Construção de uma Política Educacional Anti-Racista. Brasília-DF: Ministério da Educação, 2007.

SINNER, Rudolf von. **Confiança e Convivência – Reflexões éticas e ecumênicas**. São Leopoldo-RS: Sinodal, 2007.

SINNER, Rudolf von. Artigo: **Teologia Pública no Brasil**. (*in*) SOARES & PASSOS. (Orgs.). Teologia Pública – Reflexão sobre uma área de conhecimento acadêmico. São Paulo: Paulinas, 2011.

SUNG, JUNG MO. **Teologia e Economia – Repensando a Teologia da Libertação e Utopias**. São Paulo: Fonte Editorial, 2008.

VATICANO II: **Carta Encíclica de sua Santidade o Papa Paulo VI sobre o Desenvolvimento dos pobres**. São Paulo: Paulinas, 12ª ed. 1990.

VATICANO II. **Constituição Dogmática sobre a Revelação Divina DEI VERBUM**. São Paulo: Paulinas, 4ª ed. 1998.

VATICANO II. **Constituição Dogmática do Concílio Ecumênico Vaticano II sobre a Igreja LUMEN GENTIUM "DE ECLESIA"**. São Paulo: Paulinas, 13ª ed. 1999.

VATICANO II. **Constituição Pastoral do Concílio Vaticano II GAUDIUM ET SPES – sobre a Igreja no mundo de hoje**. São Paulo: Paulinas, 10ª ed. 1998.

WEGNER, Uwe. **Exegese do Novo Testamento – Manual de Metodologia**. São Leopoldo-RS: Sinodal, 7ª ed. Revisada e atualizada, 2012.

WOLFF, Elias. **Espiritualidade do diálogo inter-religioso – Contribuições na perspectiva cristã**. São Paulo: Paulinas, 2016.

ZEFERINO, Jefferson. **Hermenêutica e Teologia Pública:** elementos para a construção do discurso teológico em interlocução com os clássicos desde a Literatura a partir de David Tracy. DOI – 10.19143/2236-9937.2018v8n15p154-192Teoliterária v. 8 – n. 15 – 2018.

ZEFFERINO, Jeferson. **A Construção de Pequenos Espaços de Cuidado e Gratuidade como Resistência às Violências:** uma Relação entre Pastoral e Teologia da Cidadania. http://dx.doi.org/10.22351/et.v59i1.3602, *Estudos Teológicos* São Leopoldo v. 59 n. 1 p. 152-165 jan./jun. 2019.

ZEFFERINO Jefferson. **Interações**, Belo Horizonte, Brasil, v. 15, n. 01, p. 90-107, jan./jun. 2020 – ISSN 1983-2478.

ZEFFERINO, Jefferson; SINNER, Rudolf von. **O humanismo cristão de Dietrich Bonhoeffer – Contribuições para uma epistemologia teológica**. https://tq.dehoniana.com/tq/index.php/tq/article/view/275/254 2020.

ZEFFERINO, Jeferson; VILLA BOAS, Alex. **Uma leitura de David Tracy sobre a análise de modelos teológicos**. DOI – 10.23925/rct.i101.57871 – http://revistas.pucsp.br/culturateo REVISTA DE CULTURA TEOLÓGICA. Ano XXX – N° 101 – Jan.-Abr. 2022.

ZEFFRINO, Jefferson; SINNER, Rudolf. **O humanismo cristão de Karl Barth: uma teologia pública?** Rev. Pistis Prax., Teol. Pastor., Curitiba, v. 14, n. 1, p. 133-154, jan./abr. 2022.

ZEZINHO. Padre SCJ. José Fernandes de Oliveira. **Canção – Cidadão do Infinito**. Compacto português publicado sob o código EPD-202 Edições Paulinas Discos, 1973.